AF410161

Mariposa de Jesús

Yanilvia Reyes

®2022 Editorial Bien-etre.

Publicado por: Editorial Bien-etre.

Diseño de portada: Mary Pérez

Diagramación: Easwara Jiménez

ISBN: 978-9945-636-58-1

Edición: Editorial Bien-etre

Primera edición 2022.

Una historia de transformación espiritual

MARIPOSA DE

Jesús

MARIPOSA DE
Jesús

Yanilvia Reyes

*A todas las personas que desean ser transformadas
por el amor y la misericordia de Jesucristo.*

ÍNDICE

AGRADECIMIENTOS

Mi más profunda gratitud a Dios, por haberme ayudado a lograr esta meta.

A mi amigo Bryan López, por todo el apoyo que me brindó durante el proceso.

A Keila González Báez, por las valiosas instrucciones ofrecidas en el Bookcamp A90D.

A mi pastor, Porfirio Reyes y a la iglesia Pentecostal Monte Calvario, por todas las enseñanzas de la Palabra de Dios.

A mis padres, por todo su amor y apoyo durante este proceso.

INTRODUCCIÓN

«Mas el que beba del agua que yo le daré, no tendrá sed jamás, sino que el agua que yo le daré será en él una fuente de agua que salte para vida eterna»

(Reina Valera, 1960, Juan 4:14).

Imagínate vivir una vida sin agua, lo cual significa no poder ducharte, no poder lavarte el cabello, no poder lavarte los dientes, no poder cocinar; prácticamente no poder hacer nada. Suena muy triste, ¿verdad? Sabemos que el agua es esencial e indispensable para nuestra existencia, ya que la mayoría de las actividades cotidianas en nuestra vida se realizan con este líquido vital.

Ahora bien, en este pasaje Jesús se refiere a otro tipo de agua. Un líquido que hace desaparecer nuestra sed desde que lo tomamos, esa que sentimos cuando no estamos contentos con la vida que tenemos o cuando en nuestro interior hay un vacío que no se puede llenar con nada. Justamente, esa agua que se convierte en un manantial se llama Jesucristo.

¿Por qué es Jesucristo el agua que puede quitarnos esa sed? Él mismo nos creó, por lo tanto, nos conoce muy bien, sabe lo que necesitamos, sabe lo que nos causa dolor y sabe que Él tiene la autoridad y el poder para solucionar todas las preocupaciones que nos hacen vivir una vida de angustia.

La representación de Jesús como agua pone de manifiesto lo esencial que es para la vida humana desde un punto de vista personal y espiritual. El agua que nos ofrece no está solamente al alcance de algunos; más bien, es ofrecida a todo aquel que sea lo suficientemente valiente para querer lograr un cambio definitivo en su vida. Muchos tienen sed, pero son muy pocos los que teniendo el vaso con agua en la mano quieren llevarlo hasta la boca. Por ejemplo, a muchas personas se les ha predicado el Evangelio y no todas lo han aceptado, lo cual indica que prefieren saciar su ansia por su propia cuenta, dejando a Dios fuera, y es entonces cuando su sed crece más.

Recuerdo que cuando estuve sedienta por mucho tiempo, se me hacía difícil entender por qué esa sed no desaparecía. Luego comprendí que no podía irse por sí sola a menos que yo diera un paso muy importante en mi vida, el cual consistía en aceptar al Rey de reyes, el mismo que nos dio el regalo de la vida y nos escogió mucho antes de la fundación del mundo. Con sus manos nos formó en el vientre de nuestra madre y compuso cada tejido y cada célula de nuestro cuerpo. A parte de crearnos a nosotros, Jesucristo también hizo a la naturaleza para nuestro sustento; en ella encontramos valles, llanuras, ríos, montañas, océanos y oxígeno para que tanto los animales como los seres humanos podamos sobrevivir.

Sin Dios, nada existiría y gracias a Él todas las cosas son posibles. Él sigue estando ahí cada hora, cada minuto y cada segundo de nuestra vida, esperando a que tomemos de su agua con alegría porque ella no nos contamina; más bien, nos limpia y renueva nuestro espíritu si somos obedientes para permitir que nos transforme. Esta es la única agua que brotará para la vida eterna.

Yanilvia Reyes

Capítulo 1

TRANSFORMACIÓN

En sus manos, somos un diamante en bruto que necesita ser pulido para sacar su brillo...

La palabra transformación implica muchas cosas, porque cuando somos transformados, crecemos, salimos de nuestra zona de confort y maduramos como personas. Durante este proceso, enfrentamos el miedo, la vergüenza, las críticas y el dolor. Sin embargo, muchas veces ignoramos que el dolor nos impulsa a salir adelante, porque una vida sin dolor carece de aprendizaje y de crecimiento. Los que buscamos una transformación espiritual de la mano de Jesucristo, tenemos que estar dispuestos a sentir dolor y a superarlo, porque eso nos conduce a una vida plena y llena de gratitud. Cuando pienso en la palabra «transformación», reflexiono en la metamorfosis de una mariposa, ya que no desarrollará sus alas hasta que haya pasado por varios procesos que le hagan descubrirlas.

En nuestro caso, podemos decir que al igual que la mariposa, entramos en una etapa metamórfica cuando nos acercamos a Dios, porque durante la relación que establecemos con Él, somos transformados de manera que crecemos tanto espiritual como mentalmente. Por mi parte, yo declaro que he sido transformada por un Dios de amor y de misericordia. Sé que cuando lo buscamos con todo nuestro corazón y dejamos nuestra vida en sus manos, Él se encarga de organizarla y de colocarnos en el lugar en el que debemos estar. Todos los que ponemos nuestra confianza en Él tenemos refugio, fortaleza y consuelo.

Cuando sentimos que el mundo se derrumba, Jesucristo toca la puerta de nuestro corazón y nos dice que todo estará bien, que el proceso será difícil, pero que Él nos ayudará a levantarnos, sin importar las veces que tengamos que hacerlo. Como seres humanos tendemos a tomar el control de nuestra vida y de todo lo que queremos que suceda en ella, pero es importante no decidir impulsivamente sin antes consultarlo con Dios. Proverbios 19:21 dice: «muchos planes hay en el corazón del hombre; más el consejo de Jehová permanecerá» (Reina Valera 1960, Proverbios 19:21). Si partimos de que el propósito divino es el único que va a cumplirse, valdría el esfuerzo hablar con Él de nuestros planes, de nuestros sueños y de las metas que nos gustaría lograr; acercarnos a Él como si se tratase de nuestro mejor amigo -porque lo es- y sobre todo, reconociendo que solo Él es Omnipotente, Omnisciente y Omnipresente. Entonces, tener a

Dios presente en cada decisión es un gran beneficio porque con su poder y sabiduría puede dirigirnos por el camino más conveniente para nuestra evolución.

Si tenemos nuestra fe puesta en quien entregó su vida por nosotros, estaremos conscientes de que somos más que afortunados y seremos valientes ante cualquier situación; reconociendo que solo Cristo puede transformar nuestra vida, nuestros pensamientos y nuestro corazón. En Cristo Jesús somos más que vencedores, no importa las pruebas a las que nos enfrentemos en el camino. Siempre está con nosotros como un poderoso gigante. En sus manos, nosotros somos un diamante en bruto que necesita ser pulido para sacar su brillo.

Jesucristo quiere que vivamos en libertad, que nos liberemos de nuestros temores, de nuestras preocupaciones y de nuestra soledad, para que seamos transformados de una manera especial y empecemos a vivir una vida plena a su lado. A veces nuestros miedos nos impiden llegar a esa transformación, un ejemplo de ello es la ansiedad que podríamos experimentar ante la reacción de nuestros familiares y amigos en el momento que tomamos la decisión de seguir a nuestro Salvador. Muchos pueden pensar que es una locura, o que «te lavaron el cerebro», pero seguir a Cristo es la mejor de todas las locuras, porque es la única que nos revela la sabiduría de la verdad.

La palabra de Dios dice: «Escucha lo que te mando: esfuérzate y sé valiente. No temas ni desmayes, que yo soy el Señor tu Dios, y estaré contigo por dondequiera que vayas» (Reina Valera Contemporánea, 2011, Josué 1:9). Este versículo es un mandato del Señor para nuestra vida, diciéndonos que tiene una recompensa por nuestro esfuerzo, el cual consiste en recibir el respaldo de Dios sin importar a donde vayamos, ya sea un lugar de peligro o uno de completa paz. Por ende, debemos ser valientes si realmente queremos que Cristo nos renueve; de lo contrario, el comentario irrelevante de cualquier persona puede alejarnos de la transformación a la que estamos llamados. Es fundamental saber que la fuerza que necesitamos para enfrentar cualquier crítica negativa no viene de parte nuestra sino del Espíritu Santo de Dios que nos fortalece y nos prepara para cada batalla espiritual.

La primera decisión que debemos tomar para iniciar nuestro caminar al lado de Jesucristo es aceptarlo como nuestro Salvador, porque solo a través de Él podemos llegar al Padre. Esta es una decisión valiente, sobre todo porque tratamos de seguir sus pasos viviendo una vida a su imagen y semejanza en un mundo malvado; es decir, que tropezaremos con piedras en el camino y muchos nos juzgarán, sin embargo, nosotros tenemos que mantenernos fieles en el camino angosto, aunque muchos decidan ir por el camino ancho. Esta primera decisión trae consigo la bendición del comienzo de la transformación espiritual, porque vemos la mano de Dios moverse en nuestro día a día y mostrándonos su amor incondicional. No te asustes si después de elegir esto sientes en tu interior el interés de compartir tu experiencia con todos los que te rodean. Preocúpate si no llegas a tener ese sentimiento, porque es tan lindo lo que se siente que solo quieres compartirlo con el mundo entero para que ellos también experimenten las maravillas de buscar a Cristo y de encontrarlo.

En caso de que aún sigas cuestionándote si realmente necesitas que Jesucristo transforme tu vida, aconsejo que te hagas la siguiente pregunta: ¿por qué Cristo ha permitido que podamos respirar y que nuestros ojos se abran cada mañana? Quizás esta interrogante te ayude a conseguir una respuesta válida, pero la verdad es que Jesucristo es tan misericordioso que no pierde la esperanza de que vayas a correr a sus brazos y a confesarle cuánto lo necesitas. No existe ninguna persona en el mundo que no requiera de Dios, aun aquellos que piensan que no es menester. Por más dinero o más poder que tengan, siempre existe un momento en el que quisieran hablar con Él.

Así que no importa lo material o a quiénes tenemos en nuestra vida. Si sientes la necesidad de renovarte con el poder de Cristo, pídele de rodillas que entre a tu vida y que la transforme a través de su misericordia y su amor. Esa misericordia que como abrigo de lana nos abraza de modo que podemos sentir su calor en nuestro ser; ese amor que nos sostiene y llena nuestra vida de esperanza. No permitas que el dolor y la tristeza te consuman, eres más fuerte de lo que imaginas, solo tienes que tener fe en que el Rey de reyes restaura tu vida y te convierte en una mejor versión. El Omnipotente es fiel y está con nosotros en nuestras batallas para vernos sonreír en nuestras victorias.

Capítulo 2

¿CÓMO PERMITIRLE A DIOS QUE ME TRANSFORME?

Ese día sentí que Él me tomaba en sus manos y me decía:

*«Donde quiera que estés, estaré contigo,
ahora emprende este nuevo vuelo y
disfruta por lo que has trabajado
mientras sigues aprendiendo»*

Esta es una de las preguntas que muchos de nosotros nos hemos hecho en algún momento de nuestra vida, especialmente cuando buscamos tener una comunión con Dios. Quizás esperamos una respuesta específica y absoluta, pero en realidad existen diferentes maneras para acercarnos a nuestro Padre Celestial. Hoy en día algunos piensan que asistir a una congregación es la forma más eficaz para establecer dicha relación. A pesar de ser un punto clave para alcanzar la transformación que queremos, no es la única. Puede que no haya una manera que sea mejor que la otra; lo que sí prevalece sobre cualquier método que queramos utilizar para empezar esta relación es el hecho de aceptar a Jesucristo en nuestro corazón y establecer una relación cercana con Él.

Es importante que los creyentes y no creyentes en la fe sepan que a veces la presión de asistir a la congregación causa que muchos no establezcamos una relación íntima y verdadera con nuestro Redentor. Es cierto que la Biblia dice claramente en Hebreos 10:25 que no dejemos de congregarnos como algunos tienen por costumbre, pero no podemos decirle a una persona que nunca ha asistido a una congregación, que quizá nunca ha leído la Biblia y que aún no acepta a Jesús en su corazón, que lo primero que tiene que hacer es reunirse con otros para tener esa conexión que busca.

Por otra parte, lo correcto es exhortar a las personas a que dejen de vivir en las tinieblas, para empezar a vivir en la luz, esa luz que es Jesús. Entonces, es preciso hacer que dicha luz crezca en su ser mediante el escudriñamiento de su Palabra, la oración, el ayuno, la fe, el retiro, entre otros. Lo anterior implica pasar un tiempo a solas con Dios alejado de todo. No importa cuál de los métodos mencionados sea el que estemos usando para fortalecer nuestra conexión, si este es consistente, nos va a acercar más a Él y, por ende, va a hacernos lograr una transformación tanto espiritual como personal.

1. Oración

Mediante la oración, Dios ha transformado mi vida de una manera especial y siento que hay un poder sobrenatural cuando oramos, porque se rompen cadenas, algo que no pasaría con otro medio de conexión diferente.

La oración nos ayuda a vivir una vida en constante agradecimiento a nuestro Creador, por eso todos los días hago una oración antes de irme a dormir y cada mañana antes de levantarme de la cama. Esto ha transformado mi carácter, me ha enseñado a ser agradecida no solo por todo lo bueno que me sucede, sino también por aquello que considero negativo en mi vida. Le doy gracias a Dios por cada triunfo y por cada tropezón, porque sé que puedo aprender lecciones importantes para crecer como persona.

Orar quizás sea difícil para algunos, especialmente si nunca le habían dedicado tiempo a la oración. El problema no es encontrar tiempo para hacerlo, sino el no tener la motivación. Algunas de las cosas que parecen simples pero que me motivan a orar son: la comida, la luz del sol en la mañana, subir al autobús a tiempo cuando me dirijo al trabajo, la llamada de mi padre todos los días, el privilegio de estar viva. Me siento afortunada de poder agradecer por todo esto, pues existen personas que no tienen esos motivos en su lista.

La oración es la conversación más sincera que podemos tener con la única persona que no nos señala a pesar de lo que le confesemos. Esta es una de las tantas razones por las que es hermoso acercarnos a nuestro Creador en oración; nos da la libertad de mostrarnos tal y como somos, aunque Él ya nos conoce. Podemos dejar la timidez a un lado, abrir nuestro corazón y permitir que nuestras lágrimas corran sin miedo en su presencia. Nosotros entendemos que Él es bueno: nos escucha, nos perdona y su misericordia es para siempre.

Posiblemente, muchos de nosotros estamos pasando por una situación difícil en este momento, como la pérdida de un ser querido, el abismo de una crisis matrimonial, el posible hecho de lidiar con unos hijos malcriados o ser hijos de padres que se han ido. Otros quizás estamos experimentando violencia doméstica, padeciendo alguna condición de salud grave o cualquier otra dificultad que podamos imaginar. Recordemos que no importa tanto el nombre de nuestro problema, sino lo que estamos haciendo para resolverlo. No podemos ganar una batalla si solo estamos durmiendo; es importante orar todos los días sin cesar, ya que esto nos permitirá lograr una transformación espiritual.

La Biblia dice: «Por nada estéis afanosos, sino sean conocidas vuestras peticiones delante de Dios en toda oración y ruego, con acción de gracias. Y la paz de Dios, que sobrepasa todo entendimiento, guardará vuestros corazones y vuestros pensamientos en Cristo Jesús» (Reina Valera, 1960, Filipenses 4:6-7). En otras palabras, debemos orar en todo momento sin importar la tormenta en la cual nos encontremos, porque Dios nos escucha y nos da la fuerza para avanzar.

2. Fe

Otra herramienta sumamente importante a la hora de establecer una relación con Dios es la fe, puesto que «… sin fe es imposible agradar a Dios; porque es necesario que el que se acerca a Dios crea que le hay, y que es galardonador de los que le buscan» (Reina Valera, 1960, Hebreos 11:6). En la niñez, a muchos de nosotros se nos enseñó a creer que Santa Claus viene en un trineo a traernos los regalos de Navidad y, aunque nunca lo hemos visto, a esa edad lo creemos genuinamente. Entonces, ¿por qué no podemos creer que Dios existe aún sin verlo? Dios es más real que Santa Claus y nos ha dado el regalo más hermoso que nadie nunca nos ha brindado: *el don de la vida y la oportunidad de pasar la eternidad a su lado*, la cual recibimos por medio de la gracia cuando aceptamos a Jesucristo. Los que tomamos la decisión de aceptarlo es porque tenemos fe de que verdaderamente Él es el salvador del mundo.

Si quieres que Dios sea tu amigo fiel, tu pronta ayuda y tu consolador, debes tener confianza en Él. Por ejemplo, pensemos en los valores que son importantes para nosotros cuando establecemos una relación con otro individuo, ya sea amorosa, amistosa o laboral. La confianza es como un pegamento fuerte que mantiene esa relación unida. Si la persona en la cual hemos depositado nuestra confianza nos falla, ese pegamento se descompone haciendo que cada parte se caiga, y por más que tratemos de que sea como antes, no lo será. Algo similar pasa cuando tenemos una relación con Dios: si no confiamos en Él nuestra fe va decayendo y hasta podríamos llegar a dudar de las cosas maravillosas que Él puede hacer en nuestra vida, al menos que pongamos de nuestra parte para restaurar esa relación de manera que nuestra fe en Él crezca.

A través de la fe, nuestro redentor nos enseña que dependemos de Él en todos los aspectos de nuestra vida y que, si no confiamos en su poder, seremos como un barco a la deriva a punto de hundirse, tal y como si el marinero dejara de existir en ese preciso momento. También, por medio de la fe, Dios nos concede las peticiones de nuestro corazón si estas son de acuerdo con su voluntad.

3. Escudriñamiento de las Santas Escrituras

Otra de las formas que Dios ha usado para transformar mi vida es mediante el escudriñamiento de su Palabra. En los pasajes bíblicos encuentro mucha fortaleza, ánimo y consuelo, pero lo más importante es lo que he podido aprender de todo lo que Jesucristo ha hecho por nosotros. Asimismo, podemos conocer su grandeza, su sacrificio, su carácter, su amor y su misericordia, la cual se nos revela en cada pasaje. De igual forma, la Biblia es un instrumento que nos corrige y nos enfrenta «porque la palabra de Dios es viva y eficaz, y más cortante que toda espada de dos filos; y penetra hasta partir el alma y el espíritu, las coyunturas y los tuétanos, y discierne los pensamientos y las intenciones del corazón» (Reina Valera, 1960, Hebreos 4:12). Lo que significa que, si andamos por mal camino, la Palabra nos hace un llamado a andar por el sendero del bien; si tenemos pensamientos maliciosos en contra de otras personas, la Palabra nos afronta para que nos demos cuenta de que eso está mal y que debemos corregirlo.

Por eso, te exhorto a que alimentes tu ser de toda la verdad que se transmite en estas Escrituras, para que seas transformado cuando lo apliques a tu vida. En mi caso, antes de tomar la decisión de seguir a Jesucristo, no medía mis palabras, y en muchas ocasiones llegaba a decir cosas ofensivas de forma inconsciente, pero cuando empecé a caminar con Cristo, Él me mostró que había formas más saludables de relacionarme con otras personas, motivándome a cambiar esa parte de mí.

Una mañana, al abrir la Biblia, leí en Proverbios 17:27-28: «Sabio es quien cuida sus palabras; inteligente es quien tiene un espíritu prudente. Cuando el necio calla, pasa por sabio; cuando no abre la boca, pasa por inteligente» (Reina Valera Contemporánea, 2011). Después de haber leído este mensaje, empecé a controlar mi lengua y a pensar antes de hablar para no herir a nadie con mis palabras. Entendí que existe una mejor manera para comunicarse, siempre y cuando sea con amor; no para humillar a nadie, sino para fortalecerlo con palabras de aliento y de consuelo. Esta corrección fue posible gracias al tiempo que dediqué escudriñando la Santa Escritura. Definitivamente, había algo en mí que Dios me invitaba a transformar para crecer espiritualmente. Fue un correctivo muy bonito, que recibí sin necesidad de los gritos o latigazos que a veces utilizan algunos padres para corregir a sus hijos. Esto me servirá para toda la vida y algún día, cuando tenga hijos, también les transmitiré lo aprendido.

4. Asistir a una congregación

El hecho de poder estar con otros creyentes en su presencia es una experiencia maravillosa. Poder adorarle con libertad, poder alzar mi voz y decirle delante de su trono «Gracias, Padre, por tu fidelidad» es algo que no tiene precio. Sin duda, estar en la congregación renueva mi ser y me llena de paz; nunca salgo de allí de la misma forma en la que entré. Muchos tienen razón cuando dicen que la iglesia es como un hospital, porque los malestares emocionales y/o físicos son sustituidos al estar en la presencia del Salvador. Nos llenamos de un sentimiento de renovación interior que es difícil de explicar, pero increíblemente milagroso.

Estar en la presencia del Omnipotente es un regalo que no solo lo podemos tener una vez al año, sino cada vez que lo buscamos, y mientras más lo busquemos más transformará nuestra vida. He visto cómo muchos jóvenes se emocionan cuando sus padres deciden regalarles un carro por motivo de cumpleaños o para felicitarlos por su graduación. A la mayoría de nosotros nos daría emoción recibir un regalo como ese porque es conveniente tener un transporte que nos lleve a todos lados. No obstante, el carro puede dañarse porque es un obsequio material, pero cuando permitimos que el Espíritu Santo entre en nuestra vida y lo recibimos con amor, Él nunca se va, nunca se daña, no es material y permanece para siempre. Este es el tiempo de abrir el regalo que el Espíritu Santo tiene para nosotros, el cual podemos conservar hasta la eternidad, porque a pesar de que todas las cosas de este mundo acaben, el amor de Dios jamás acabará.

5. Cartas a Jesús

Te contaré un secreto que ha permitido que mi relación con Dios sea extraordinaria; consiste en escribirle una carta a Jesús sobre mis planes y mis sueños. Al principio, esta idea me parecía insensata porque nunca había escuchado sobre alguien que hiciera lo mismo, pero de igual forma quise intentarlo. Nadie me habló de cómo embarcar en esta nueva aventura, sino que fue algo que yo misma me planteé con la esperanza de que las peticiones de mis cartas fueran algún día contestadas. Cuando los soldados van a la guerra, usan las cartas como método de comunicación entre ellos y sus familiares, los cuales aguardan con desesperación una respuesta para saber si aún siguen con vida. Cuando el ser amado recibe la noticia de que el soldado leyó la carta, esto lo motiva a seguir escribiendo porque sabe que aun a distancia puede tener esa comunicación con él. En mi caso, escribirle a Jesús y ver cómo cumple mis peticiones me asegura que Él las lee, aunque yo no pueda verlo, incluso si no todas son contestadas.

En el año 2015, cuando empezaba mis estudios de secundaria en la ciudad de Nueva York, redacté lo que sería mi primera carta a Dios. En ella, expresé mi deseo por aprender inglés, avanzar en un país desconocido y ser profesional, con la intención de que mi familia estuviera orgullosa de mí. También escribí sobre mis ganas de graduarme de la secundaria con honores y entrar a la universidad. Cuando terminé de escribirla, firmé con mi nombre, agregando la fecha en la parte superior de la hoja, y la guardé en un portamonedas de leopardo que tenía para ese entonces. Pasaron cuatro años después de ese día y cuando buscaba una cartera dentro de mi armario en el dormitorio de la universidad, llegué a ver aquel monedero; al abrirlo, allí estaba la carta. Empecé a leerla y me percaté de que dos de mis sueños ya eran una realidad. Ese momento fue hermoso y me hizo comprender que mi Amigo fiel leyó lo que le había escrito. Por eso, cada vez que tengo la oportunidad, le escribo no solo para pedirle, sino también para agradecerle.

Me gradué de la universidad con honores después de cuatro años de haber encontrado la carta en mi armario. En todo el tiempo que estuve en la universidad, nunca reprobé alguna materia. Dios no solo me ayudó a realizar mis sueños, sino que me permitió llegar a la meta siendo una de las mejores. Entonces, la única preocupación que tenía era la de encontrar un trabajo, así que tomé el celular y empecé a escribir otra carta pidiéndole una intervención divina. Mis familiares y amigos me decían que todo iba a estar bien y que pronto encontraría un buen trabajo. Yo tenía la certeza de que Dios leería mi solicitud, pero también sabía que yo debía tomar acción. Sin pensarlo dos veces, hice una pasantía en Nueva York, con una organización sin fines de lucro que ayuda a las mujeres víctimas de violencia doméstica a través de servicios como consejería y asistencia legal.

Por esta razón era muy importante para mí adquirir conocimiento en el ambiente laboral en temas de violencia familiar. La supervisora que tenía estaba encantada con mi desempeño y una mañana me dijo:

—Yanilvia, ¿te gustaría aplicar para la posición de *Case Manager* trabajando con víctimas de violencia doméstica?

—No creo que tenga la experiencia suficiente para aplicar a esa posición —expresé, sin saber qué más decir.

—Inténtalo, nadie sabe si pasas la entrevista y te dan el trabajo —replicó, mirándome fijamente.

Al parecer, aún no me había dado cuenta de que ya Dios me estaba dando una respuesta. No me rendí y fui a tres entrevistas para este mismo trabajo. Después de dos semanas sentada en la oficina donde hacía la pasantía, recibí una llamada de la persona que me había entrevistado:

—Hemos decidido darte el trabajo, solo queremos saber si aceptas.

Yo no podía creerlo, estaba muy emocionada. Solo respiré profundamente y respondí:

—Sí, si acepto.

Una vez más pude ver la mano de Jesucristo obrando en mi vida. Me gradué el 18 de mayo del año 2019 y el lunes 20 de mayo de ese mismo año empecé a trabajar. ¡Qué grande es mi Padre celestial! Solo me permitió descansar un día después de mi graduación y luego me dio alas para volar a mi primer trabajo como profesional. Ese día sentía que Él me tomaba en sus manos y me decía: «Donde quiera que estés, estaré contigo, ahora emprende este nuevo vuelo y disfruta por lo que has trabajado mientras sigues aprendiendo». Cada vez que escribo una carta o hago mi oración, siento que sus ojos y sus oídos están atentos. Siento que puedo ser transformada en cada carta contestada, porque eso me da la seguridad de que existe y de que debo seguir confiando en Él cada día.

En mi vida personal, he visto cómo Jesús me ha ayudado, me ha fortalecido y me ha moldeado para ser una mujer virtuosa, una mujer de Dios. Me siento muy feliz de saber que Dios lee mis cartas y que muchos de los sueños que tengo se han hecho realidad gracias a Él.

5 minutos DE TRANSFORMACIÓN

Ahora quiero invitarte a que uses las siguientes líneas para contarle uno de tus sueños a Dios y pedirle que te ayude a alcanzarlo. No te preocupes, solo confía en que Él contestará tu petición, así como lo hizo conmigo.

Gracias por tomar parte de tu tiempo para leer algunas de las herramientas que son necesarias para establecer una relación con Dios. Medita en cada una de ellas, luego toma un lápiz y papel para escribir cuáles son las que ya estás usando y cuáles te gustaría incluir en tu rutina. Si quieres, después de hacer este pequeño ejercicio, puedes compartir una foto de tu lista enviándola a mi página de Instagram @adorandoalomnipotente, donde otras personas también compartirán la suya.

Te espero en el siguiente capítulo, donde hablaré de mi caminar con Cristo y de la transformación que Él ha hecho en mi vida. ¡Dios te bendiga!

Capítulo 3
CAMINANDO CON DIOS EN MI NIÑEZ

... por primera vez había tenido un encuentro con mi primer amor. Fue magnífico, sentía que podía abrazarme.

La niñez es una de las etapas donde tenemos curiosidad sobre un sinnúmero de cosas. Una de ellas es saber quién es Dios y cómo creó el mundo. Quizás uno de nuestros padres, algún familiar o una maestra nos haya explicado con sus propias palabras quién es Él. Puede que no haya tenido la Biblia en mano para describirlo tal y como lo dice este libro sagrado. Seguramente nos dijeron que es poderoso, que nos ama y que castiga a los niños malcriados. Esto es básicamente todo lo que yo sabía del creador durante mi infancia porque quienes me hablaban sobre Él, no tenían las palabras suficientes para conocer su grandeza. Yo sentía la necesidad de conocerlo, de hablar con Él y de que pudiéramos ser grandes amigos.

Recuerdo que estudié en una escuela católica llamada Simón Bolívar en mi pueblo natal, Mao, Valverde, en República Dominicana. Para ese entonces, tenía unos ocho años y era una niña muy tímida sin muchos amigos. También, rememoro que tenía problemas de aprendizaje. Mi padre y mi madre estaban fuera del país y yo vivía con mis hermanos y abuelos. Al parecer la tristeza que sentía por la ausencia de mis progenitores afectó mi avance académico. Un día en la escuela, a la hora del almuerzo, estaba sentada sola y escuché una alabanza de Roberto Orellana, titulada *Yo tengo un nuevo amor*. Cuando llegó a mis oídos, ya sabía que no estaba sola porque Jesús estaba conmigo. No sé cómo explicarlo, solo sé que lo sentía. Cada letra de esa canción me permitía vivenciar lo cerca que estaba de Dios y me daba fortaleza. Era como si las letras estuvieran describiendo ese mismo momento en el cual por primera vez había tenido un encuentro con mi primer amor. Fue magnífico, sentía que podía abrazarme. Lo más bello de este recuerdo fue cuando escuché en la alabanza: «que ahora yo tengo un nuevo amor y el corazón me late sin parar. Hay uno que me ha dicho "te amo de verdad". Jesús, mi amor, y más que amor, mi dulce paz». Literalmente, era lo que experimentaba, sentía que el corazón me latía sin parar. Este recuerdo lo llevo tatuado en mi memoria y lo describo como el momento en el cual encontré un amor verdadero que nunca acaba, que siempre me está escuchando y ayudando.

Luego de vivir esta experiencia tan maravillosa con Dios, empecé a hablar con Él todos los días cuando iba de camino a la escuela y cuando estaba sola a la hora de almorzar. Nuestra relación crecía cada día más y me sentía segura porque sabía que Él estaba cuidando de mí. En ese tiempo no tenía ningún conocimiento previo de su Palabra, lo único que sabía era lo que mi abuela decía: «Dios creó el universo y no le gusta que los niños mientan». Para ser sincera, yo mentía mucho cuando era una niña, no entiendo exactamente la razón, pero pienso que lo hacía para llamar la atención de mi familia y por eso mi abuela me repetía esa frase. Lo sorprendente fue que a Dios no le importó que fuera una niña ni que fuera imperfecta para acercarse a mí, porque cuando el Omnipotente quiere transformar nuestra vida, nos llama sin importar cómo somos. Por lo tanto, desde niña he sabido que Jesús me cuida, que nunca me ha abandonado, que tiene un propósito para mi vida y que siempre me ha amado.

A temprana edad empecé a percatarme de qué manera el amor que Dios siente por mí se manifestaba en diferentes áreas de mi vida, principalmente a través de mis abuelos. Ellos me criaron durante todo el tiempo en el que mis padres no estuvieron y, mediante ellos, pude ver el amor de nuestro Padre Eterno. Me enseñaron a orar y la importancia de la oración; nadie en casa podía acostarse en las noches o levantarse en las mañanas sin orar. En ese entonces, mis abuelos, mis primos, mis hermanos y yo orábamos por cada rincón de nuestra casa. Ahora puedo decir que esa acción que realizábamos juntos como familia fue una de las enseñanzas más hermosas de mi vida. El Creador quería que yo aprendiera a buscarlo a través de mis oraciones, quería que yo confiara en Él y que supiera que para Él no hay imposibles, porque su amor sobrepasa todo entendimiento. Por esta razón, inquietó a mis abuelos para que me enseñaran a hacerlo, de modo que mi relación con Él fuera más profunda para que pudiera ir creciendo en su camino.

Cuando aprendí a orar, siempre pedía por mi familia, y entre mis peticiones estaba que mis padres volvieran a estar con mis hermanos y conmigo. Dios contestó mis súplicas, pues ellos volvieron a casa, aunque no para quedarse, ya que tenían que trabajar y sostener a nuestra familia. A pesar de que se habían separado, yo sentía que seguíamos unidos. Al ver que mi oración fue contestada, me alegré y todos los días cuando iba a la escuela hablaba con mi amigo fiel, sentía que estaba conmigo. Antes me sentía sola cuando iba al colegio, nunca sabía cómo iniciar una conversación con mis compañeros, no lograba concentrarme en mis clases y a veces percibía una carga encima de mí. Era muy pequeña y mi mente de niña no podía entender la razón por la cual me encontraba de esa manera. Era como si me sintiera rechazada y mi manera de lidiar con este sentimiento fuese alejarme de todos.

Le doy gracias a Jesús de que con el paso del tiempo me dio la sabiduría para entender que estaba pasando por un momento de soledad; que no lograba concentrarme en mis clases no porque no fuera una niña inteligente, sino porque extrañaba mucho a mis padres y el estar separados tanto tiempo me afectó emocional y académicamente. Por consiguiente, reconozco que Jesús llegó a mi vida en un momento en el cual estaba pasando por mucho dolor, aunque en ese entonces no lo podía entender.

Durante el proceso de mi soledad, Jesús me fortaleció y me hizo comprender desde temprana edad que Él estaba presente en todas mis alegrías y mis dificultades. Estoy agradecida por esa amistad tan auténtica que pude establecer con mi Salvador y me duele decir que no todas las personas tienen esta amistad porque quizás no lo han conocido. Ahora bien, nunca es tarde para buscarlo, pedirle perdón y aceptarlo.

Si anhelas forjar una amistad con Jesucristo, solo tienes que pedirlo. Encuentra un lugar secreto en tu casa donde puedas hablar con Él, y dile: «Padre amado, Tú que estás en el cielo y que conoces mi interior, quiero invitarte a que seas mi amigo por el resto de mi vida. No soy perfecta, pero confío en que Tú me puedes ayudar a ser mejor. Amén». Estoy segura de que Él te escuchará y estará muy feliz de estar a tu lado. Dios no rechaza a nadie, Él solo quiere que le abras tu corazón para que pueda entrar y empieces a vivir libre como una mariposa. Nunca te dejará rendirte, porque en cada prueba estará su mano ayudándote.

Desafortunadamente, en el mundo hay padres que no hablan con sus hijos sobre Dios, pero es importante que estos enseñen a sus pequeños a amarle y a tener un encuentro con Él mediante la oración. Los niños deben saber que Jesús los ama, que Él no los abandona en ninguna ocasión y que su amistad es el tesoro más grande. No importa qué tan pequeño sea un niño, para entender esto es importante que sepa que Jesús entregó su vida por él y que su amor es más profundo que el fondo del mar.

Actualmente, podemos ver que muchos niños no reciben la atención idónea de sus padres, por lo que muchos sienten un vacío en su interior debido al poco tiempo que reciben de quienes están en la responsabilidad de acompañarlos. La verdad es que muchas veces esto sucede porque los padres viven ocupados en su propio mundo, ya sea porque trabajan demasiado, porque son nuevos ejerciendo el rol de padres o porque ellos tampoco recibieron ese amor y, por ende, no saben cómo dárselo a sus hijos. Esta es una de las razones por las que hay tantas personas en el mundo con corazones entristecidos, pero ¡qué diferente sería si en cada casa se enseñara el poder del amor y sobre todo poniendo a Jesús como ejemplo, porque Él nos amó a nosotros primero!

Enseñar a los niños a amar a Dios es importante, porque, aunque no lo puedan ver, pueden sentir que Él está ahí escuchándolos y que, aun cuando sus padres, sus amigos o demás familiares han desaparecido, Jesús nunca lo hará. La Biblia dice: «¿Puede una madre olvidar a su niño de pecho y dejar de amar al hijo que ha dado a luz? Aun cuando ella lo olvidara, ¡yo no te olvidaré!» (Nueva Versión Internacional,

1973, Isaías 49:15). Tener una amistad con Dios ayudará a fortalecer a los niños y a enseñarles que su confianza no está en los hombres, sino que se encuentra totalmente en Jesús. Esto evitará que confíen en cualquier persona de la calle que quiera aprovecharse de sus momentos de debilidad para hacerles creer que los ama, con el fin de secuestrarlos o hacerles un daño. Vamos a instruir a nuestros pequeños utilizando la poderosa Palabra de Cristo, para que nunca tengan que buscar la compañía de un extraño cuando estén solos, sino que busquen la compañía de Jesús, aquella que solo les traerá felicidad.

Yo no tenía la necesidad única de ir a hablar con un amigo o vecina sobre cómo me sentía, también podía hablar con Dios, y lo más poderoso de esta relación es que Él siempre me escuchaba. Hablemos con Él de todo porque su existencia es tan real como la luna que sale cada noche. Jesús es mi amigo y puede ser también el tuyo, solo invítalo a pasar a tu corazón.

Agradezco a Dios por mis abuelos, quienes me inculcaron el valor del amor a Dios y al prójimo. Efesios 6:4 dice: «Y vosotros, padres, no provoquéis la ira a vuestros hijos, sino criadlos en disciplina y amonestación del Señor» (Reina Valera, 1960, Efesios 6:4). Esto es exactamente lo que ellos hicieron, y me hace concluir que quien siembra con amor cosecha buenos frutos. Nosotros debemos siempre optar por el resultado de los buenos frutos, por eso nuestro deber es el de instruir a los niños en el camino correcto, no solo por medio de la educación secular, sino también por medio de las enseñanzas de las Santas Escrituras. Cada niño merece caminar con Jesús sin miedo, porque vivimos en un mundo donde los peligros de la infancia son cada día mayores. El conocimiento que los niños obtengan de su Creador va a cambiar su vida a temprana edad, así como pasó conmigo. Yo quiero que todos puedan tener la misma experiencia o una más bonita que la que yo experimenté.

5 minutos
DE TRANSFORMACIÓN

Piensa en algún momento de tu niñez en el que necesitabas la ayuda de alguien y quizás no había nadie disponible para darte una mano. Puede ser algo tan sencillo como el de resolver tus problemas de matemáticas o de abrir la puerta de la nevera para sacar tu jugo favorito del *freezer*, tal vez eso te causaba frustración. Escribe en las siguientes líneas cómo hubieras hablado de esa situación con Dios.

Capítulo 4
EL VIAJE DE LA ADOLESCENCIA

*...Todas esas cosas me parecían encantadoras, e incluso
llegué a pensar que tenía el control total de mi vida...*

La transformación en la adolescencia es como una
fruta agridulce. A veces sientes que todo está bien y en
otras ocasiones sientes que todo se derrumba. Por eso,
en esta etapa de nuestra vida casi siempre cometemos
errores y casi nunca nos damos el tiempo necesario
para aprender de ellos. Más aún, puede que cometamos
un error mayor que el anterior. Somos rebeldes, arries-
gados y a veces estamos vacíos; tanto así que buscamos
llenar nuestras carencias con cosas innecesarias que, en
vez de nutrirnos como personas, nos llevan a vivir una
vida desordenada.

Puedo decir que yo me sentía vacía durante los primeros años de mi adolescencia, ya que en esa época
me alejé de Dios. Quería sentirme aceptada y amada
por los demás, trataba de encajar en un mundo donde me destruía poco a poco, sin darme cuenta de que

ese no era el ambiente al cual yo pertenecía. Empecé a sentir la necesidad de asistir a fiestas, de vestirme como mis amigas, de tomar alcohol y de estar con alguien. Todas esas cosas me parecían encantadoras, e incluso llegué a pensar que tenía el control total de mi vida sin tomar en cuenta la opinión de mis padres y que, aun siendo una adolescente, podía tomar decisiones arriesgadas. Lamentablemente, nunca reflexioné acerca de las consecuencias, porque en ese entonces creía que así era la verdadera libertad.

Aunque lo que conocemos como esclavitud dejo de existir algunos años atrás, reconozco que muchos jóvenes en el presente viven como esclavos de su mente y de los placeres del mundo que le impiden tener una relación con Dios. En mi caso, hacía todo lo que la carne me pedía que hiciera porque no obedecía al espíritu, sino al cuerpo. Al respecto, Romanos 8:5 dice: «Porque los que viven conforme a la carne, ponen la mente en las cosas de la carne, pero los que viven conforme al Espíritu, en las cosas del Espíritu» (Reina Valera Actualizada, 2015, Romanos 8:5).

Es evidente que, a pesar de que en mi niñez aprendí que Dios existía y que siempre estaba conmigo, aún no había obtenido un conocimiento más profundo sobre su palabra porque solo oraba y nunca había leído la Biblia, por lo tanto, las cosas que hacía me parecían naturales. En esta etapa, vivía como esclava de las fiestas para adolescentes, donde bebía y bailaba como si fuera la estrella de la noche. Al día siguiente, como consecuencia del alcohol, me despertaba con dolor de cabeza y a veces con vómito; aun así, esperaba con ansias el próximo fin de semana para ligar las bebidas alcohólicas y «sentirme feliz», para luego subir las fotos a Instagram y que mis seguidores me percibieran como una «chica *cool*» que alardeaba de las bebidas caras y que fumaba *hookah* mientras hacía diseños en el aire con el humo que salía de mi boca.

Muchos jóvenes puede que se sientan libres al hacer lo que yo hacía en mi adolescencia, sin embargo, nada se compara con la libertad que hay en conocer a Jesús. Andar en los caminos de Dios no te hace esclavo de nada, más bien te libera de ataduras y te lleva a conocer la verdadera libertad, aquella donde no necesitas del alcohol, de las drogas, de las malas compañías; solo tendrás la que Dios te provee. Él te alimentará para que puedas crecer espiritualmente y encontrar un propósito más grande en tu vida. Él te hará libre y limpiará tus alas para que puedas volar en la dirección correcta, sin miedo a caer; y si llegases a caer, Él estará ahí para levantarte como lo hizo conmigo.

Cuando entré a la universidad tenía veintiún años, y me encontré con un viejo amigo de *High School*, quien es cristiano y siempre me hablaba de la Palabra de Dios. Prácticamente, en mi primer año universitario e incluso un poco más de ese tiempo, aún seguía viviendo una vida conforme a la carne –aunque debo reconocer que a pesar de todo eso, siempre fui una estudiante responsable–. Todos los fines de semana asistía a fiestas universitarias o a una *frathouse*, como se le conoce popularmente en los Estados Unidos. En estas fiestas se tomaba mucho alcohol, se consumían drogas y muchos chicos se aprovechaban de las chicas para emborracharlas y propasarse con ellas. Pero qué bueno es Dios, porque no permitió que abusaran de mí o me drogaran; siempre estuvo cuidándome y nunca se rindió conmigo. El Señor me siguió hasta la universidad y lo hizo a través de ese viejo amigo. Cada vez que tenía la oportunidad, me hablaba de las Sagradas Escrituras, y lograba que la venda que cubría mis ojos se fuera cayendo poco a poco. Nuevamente, empecé a buscar su rostro, a nutrirme con su Palabra y a entender tantas cosas que eran inciertas para mí. Descubrí que estaba malgastando mi tiempo aventurándome en el mundo, entendí que necesitaba volver a estar con Jesús y encontrar mi verdadera libertad.

En Potsdam, Nueva York, el pequeño pueblo en el cual residía cuando asistí a la universidad, no hay iglesias cristianas, así que no podía congregarme con la misma frecuencia. Sin embargo, eso no impidió que mis compañeros, Charina, Alberto, Katty y yo buscáramos la presencia de Dios con un corazón ferviente. Nos reuníamos en casa todos los viernes y sábados después de nuestras clases para orar, leer la biblia y entonar alabanzas al Señor.

Sabíamos la importancia de mantener una agenda que nos sirviera de guía a la hora de tener nuestras reuniones, así que cada uno aportaba un tema de su interés o del cual quería adquirir más conocimiento con relación a las Sagradas Escrituras. De igual forma, elegíamos una alabanza para el momento de la adoración, y todos teníamos la oportunidad de leer un pasaje bíblico, analizarlo y hacer preguntas. También hacíamos vigilias en las que adorábamos a Dios durante toda la noche hasta la madrugada, y luego orábamos por nuestra familia, por la juventud, por la niñez y por cada ser humano que aún no conocía a Cristo. Esta iniciativa nos ayudó a acercarnos más a Dios y aumentó la necesidad que teníamos de estar en su presencia. Dios obró milagrosamente en nuestras vidas. Soy afortunada por ser hija de Dios y por conocer a aquellos amigos con los cuales puede compartir y aprender de su Palabra.

Aún en mis peores momentos Dios no me abandonó y ha puesto en mi camino árboles buenos para que pueda descansar en ellos, y como si yo fuera tierra fértil, ha plantado en mí su palabra de sabiduría que llena mi ser de frutos maravillosos. Esta es una de las razones por las que exhorto a cada joven a buscar a Dios, a no tener miedo ni dudas de entregarle su vida, así como Él tampoco tuvo miedo de entregarlo todo por nosotros.

La Biblia dice: «Acuérdate de tu creador en los días de tu juventud, antes que vengan los días malos, y lleguen los años de los cuales digas: no tengo en ellos contentamiento» (Reina Valera, 1960, Eclesiastés 12:1). Este pasaje de las Escrituras confirma el sometimiento tan hermoso que significa poder acordarnos de nuestro Señor en nuestra juventud; es dejar que Él transforme todo nuestro ser para que cuando los demás nos vean, puedan observar a Cristo a través de nosotros. Abramos nuestro corazón para que el Todopoderoso entre y nos transforme, para que ya no seamos engañados por la vanidad de este mundo y más bien seamos renovados con el amor de Cristo.

La mayoría de los jóvenes del mundo viven una vida de perdición: se pierden en las drogas, en el alcohol, en las vanidades y se enamoran completamente del dinero y de la fama. Muchos de ellos piensan que estas cosas les dan felicidad, sin embargo, cuando se encuentran solos en su habitación, reflexionan y pueden darse cuenta de que nuevamente están vacíos. Tal como lo he señalado, solo Dios puede llenar el vacío de nuestra vida con su amor incondicional. Las cosas de este mundo son pasajeras, nos dan una felicidad superficial que no permanece para siempre, sino que constantemente tiene que ser reemplazada por alguien o por algo material. Cuando tenemos a Jesús en nuestro interior, no necesitamos sustituir esa felicidad con nada. Nuestro ser viene siendo como una copa rebosada por su amor.

Cuando tenemos los ojos puestos en las vanidades de este mundo, nunca estamos satisfechos, siempre queremos más; por mucho que las deseemos, no encontramos en esas cosas ni una sola que nos llene verdaderamente. Muchos ignoran la caducidad del dinero y la fama, pero es importante reconocer que lo único que realmente permanece es el amor y la misericordia que Dios tiene por nosotros. Cuando aprendemos a reconocer que sin Él nada somos, entonces nos daremos cuenta de que no importa cuántas cosas materiales tengamos, cuantas personas estén en nuestra vida ni qué tan populares seamos. Al final del día no somos nada, somos como una lata vacía esperando ser llenada con cualquier cosa. Si eres joven, quiero decirte que no te centres en las cosas de este mundo, porque está claro que no duran para siempre. Más bien, te invito a que tu enfoque sea la búsqueda de Dios cada día, para que nunca tengas la necesidad de llenar tu vida con cosas pasajeras. Solamente está en ti buscarlo para poder vivir completamente en libertad.

Hace un tiempo, sentada en la sala de mi casa, encendí el televisor y entré a Netflix con el objetivo de encontrar una buena película después de haber tenido un largo día de trabajo. Estuve buscando más o menos por treinta minutos, ya que a la hora de elegir una, me gusta que esta me deje una enseñanza o una lección positiva. Mis ojos se sentían pesados de tanto mirar la pantalla del televisor, hasta que por fin encontré una película que pensé que me inspiraría de alguna manera. Está basada en hechos reales y narra la historia de la primera mujer en convertirse en piloto en la India, se llama *Gunjan Saxena: La Chica de Kargil*.

La historia muestra cómo, desde muy pequeña, la protagonista quería convertirse en piloto y enfrentó muchos obstáculos durante su proceso. También narra cómo ella tuvo que desafiar a su propia familia para cumplir su sueño. Al ver la valentía de esta joven, me sentí inspirada y emocionada al entender que, a pesar de que fue humillada y discriminada por ser mujer y querer ser piloto, nunca se rindió. Cuando terminé de ver la película, me quedé sentada en el sofá reflexionando sobre el mensaje de esfuerzo y de valentía que me transmitió. Pensé en que debo seguir a Dios cada día, al igual que esa joven que persiguió su sueño. Cuando la chica logró pilotar un avión por primera vez, se sentía tan emocionada que su único enfoque estaba en sostener bien el timón y disfrutar el paisaje que estaba delante de ella, ya que esto le provocaba una inmensa felicidad. Lo mismo sucede cuando buscamos a Dios con todo nuestro ser: nos mantenemos enfocados y sujetados a su amor porque reconocemos que, si nos soltamos, podemos caer en un abismo profundo, pero mientras estemos con Él estaremos a salvo.

Buscar a nuestro Salvador debe de ser más sencillo que aprender a pilotar un avión, pero muchas personas prefieren irse por otras vías más complicadas o fáciles antes que buscarlo a Él. No está mal enfocarnos en nuestro sueño, pero ¿qué tal si ponemos nuestra atención en establecer una relación bonita con Jesús y entregarle todas nuestras metas y sueños? Es por ello que exhorto a cada joven a entregar su corazón a Cristo.

Yo acepté a Jesucristo como mi único salvador en el año 2018 dentro de la casa que rentaba cuando vivía en la universidad, luego de una conversación profunda con aquel amigo que siempre me hablaba de Él. Esa noche le conté una pequeña historia de cuando estaba pequeña. Un vecino de la misma comunidad en la que vivía le pidió permiso a mi abuela para llevarme a una iglesia cristiana a la cual él asistía. Lo acompañé, pero cuando vi que algunos danzaban, otros hablaban en lenguas y otros saltaban, me asusté y no quise regresar, ya que no sabía por qué hacían esas cosas.

Mi amigo me miró fijamente y me dijo: «Lo que viste ese día fue el poder del Espíritu Santo tocando la vida de esas personas». Yo inocentemente le respondí: «Si eso es verdad, a mí me gustaría que me toque también». Luego de diez minutos de nuestra conversación, empecé a llorar como una niña cuando pierde a su madre. No podía entender la razón de mi llanto mientras las lágrimas corrían por mis mejillas. No sentía dolor, pero sí un fuego que me quemaba el pecho. No pensé que fuese algo malo, más bien, se trataba de una experiencia totalmente diferente en la que entendí que estaba ante la presencia del Espíritu Santo. Esa misma madrugada acepté a Jesucristo dentro de mi corazón. Me sentí renovada, como si me hubiera convertido en otra persona.

Al amanecer, llamé a mi familia para contarles lo que me había pasado. Ellos estaban felices por mí, pero también estaban un poco confundidos ya que nunca habían escuchado tal cosa. Recuerdo la voz de mi madre del otro lado del teléfono advirtiéndome:

«Mi hija, ten en cuenta si te tomaste una pastilla que te causó esa reacción», y yo firmemente le respondí: «Mami, eso no fue ninguna pastilla, eso es el poder de Dios». Yo no tenía duda de que el Maestro había apartado ese día para venir a mi vida y así hacerme entender que me faltaba mucho por conocer de su gran amor y de su poder. Esa madrugada fui transformada, y qué agradecida estoy por ese encuentro tan especial.

Una juventud con Dios

El desarrollo de la adolescencia es como dejar de bailar una música con ritmo acelerado para comenzar a bailar una balada romántica. Es la etapa donde la joven rebelde es transformada y llega a tener un comportamiento pasivo. Las decisiones ya no son tomadas impulsivamente, más bien, se forman con dirección de Dios para aprender de cada uno de los errores cometidos en su vida.

En esta etapa continué aprendiendo y meditando en la Palabra de Dios, lo cual me ayudaba a crecer más espiritualmente. Empecé a ver cómo muchos aspectos de mi vida fueron cambiando: mi carácter, mi forma de comunicarme con los demás y, sobre todo, mis decisiones. Sentía que mi rostro tenía un brillo inusual porque estaba siendo transformada de adentro hacia fuera. Él me estaba limpiando de las cosas que no me hacían bien para convertirme en una mejor versión.

Por otra parte, al principio no entendía por qué dejaba de hacer ciertas cosas si me parecían divertidas. Luego, me di cuenta de que nadie me dijo que dejara de hacerlas, sino que mi Creador hizo el trabajo en mí para que yo viviera una vida en santidad. Con toda certeza puedo decir que la transformación que surgió fue la respuesta a una oración que hice a mi Padre Celestial, a quien todas las noches le pedía una renovación. Mi Redentor es bueno y su misericordia es para siempre. Yo no busqué ser liberada de ataduras solo porque alguien me dijo que debía liberarme, más bien, lo hice buscando el rostro del Todopoderoso, quien me liberó de todo aquello que me llevaba a vivir una vida de perdición y de angustia.

De igual forma, empecé a enamorarme de las alabanzas cristianas. En la ducha, en la cocina, en la habitación o de camino a la universidad, siempre escuchaba una alabanza y sentía fortaleza en mi interior. El gozo que experimentaba era muy bonito, era como una llama que nadie podía apagar y yo quería ser parte de una comunidad que también sintiera ese gozo para adorar a mi Creador juntos. Entonces, nació en mí la necesidad de asistir a una iglesia y de, eventualmente, bautizarme. En mis oraciones pedía dirección divina para encontrar un lugar donde congregarme. Esta necesidad fue saciada por lo menos durante unos tres meses cuando empecé a asistir a una Iglesia Cristiana Pentecostal ubicada en el pueblo de Port Washington, en el condado de Long Island, Nueva York. Desafortunadamente, la congregación se encontraba a una hora y media de distancia y el horario de los servicios era en horas de la tarde, lo cual hacía que llegara a casa muy de noche y dejé de asistir. Pero definitivamente, Dios es increíble y conoce nuestro corazón, porque me condujo a un templo tan solo a cinco esquinas de la casa donde residía en ese entonces. Para mí, esto fue una bendición de la cual aún estoy agradecida.

La congregación significa mucho porque puedo hablar con otras personas que creen en Jesús y en el sacrificio que Él hizo por nosotros cuando se entregó en la cruz. También, me da la oportunidad de tener un espacio donde tengo plena libertad para adorar su Nombre. Siento que no estoy apartada, sino que soy parte del cuerpo de Cristo del cual solo Él es la cabeza. Percibo el apoyo incondicional de mis hermanos cuando oran por mi familia, por mí y por todas las demás personas que necesitan una oración. Me gusta cómo todos convivimos, lloramos y reímos juntos. El amor de Dios se refleja en sus rostros como un rayo de luz y sus sonrisas le alegran el día a cualquiera. Qué hermoso es vivir rodeada de personas que aman a Dios y a su prójimo. Qué bendición tan especial es ser hija del Rey verdadero, el cual nunca tuvo una corona de oro o de plata en su cabeza, sino una de espinas; el que lavaba los pies de sus discípulos y sanaba a los enfermos. Mi Rey es Jesús y yo soy su hija.

Ya estando en la iglesia, decidí tomar clases de bautismo, hasta que llegó el día de la ceremonia donde también se encontraban otros hermanos que anhelaban cambiar su vida y ser criaturas nuevas transformadas por el poder del Espíritu Santo. Este es el momento en el que verdaderamente sentí que había dado un paso importante en mi vida. Tenía sentimientos encontrados, sentía nervios y pensaba en lo que diría mi familia y mis amigos, pero me di cuenta de que no hay nada más importante que el amor de Dios. Aunque algunos ya no me tratan igual que antes, Dios sigue siendo el mismo. Muchos me veían diferente, decían que había surgido un cambio inmenso en mí. Yo también me miraba en el espejo y podía notarlo: no era físico, era más bien interno. No actuaba igual que la niña rebelde que un día fui, ahora me conducía por medio de una doctrina bíblica, Palabra que me transformó y me dirigió por el camino del bien.

Aunque durante este proceso tuve que enfrentar el rechazo de muchas personas (amigos, familiares), nunca me rendí, porque «rendición» no es una palabra que existe en mi diccionario, y mucho menos cuando se trata de encontrar mi salvación obedeciendo al Todopoderoso. Vi cómo muchas personas no querían estar a mi lado, porque mis valores ya no se alineaban con los suyos. No salía de fiesta para llegar a las 3:00 a. m., ya no tomaba esa bebida cara, ya no me importaba la marca de mi ropa y, sobre todo, ya no tenía la necesidad de llenar mi vida con vanidad. Se me cayó la venda de los ojos, y pude ver con claridad que buscaba ser feliz en los lugares equivocados;

hasta que Jesús llegó a mi vida y empecé a sentir la verdadera felicidad. Comprendí que el gozo no está en lo material, no está en otras personas –aunque tener cierta gente en nuestra vida nos haga sentir contentos–. La verdadera felicidad se encuentra en Jesús, en saber que Él murió por nosotros y que gracias a su amor tenemos la salvación. Algún día vamos a estar con Él físicamente, en un lugar donde no existe la maldad, solo el amor infinito que vamos a experimentar en su presencia.

5 minutos
DE TRANSFORMACIÓN

Independientemente de la etapa en la que te encuentres en tu vida, toma unos minutos para reflexionar sobre las cosas que has hecho y el camino al que te han llevado. Escribe qué hubiera cambiado si ya hubieses tenido conocimiento previo de la palabra de Dios.

____

____

____

____

____

____

____

____

____

____

____

____

____

____

____

____

Capítulo 5

LA ETAPA ADULTA EN MI VIDA ESPIRITUAL

*...sé fuerte como la mariposa que
en la etapa adulta sigue practicando con sus alas,
aunque bote sangre,
porque su única meta es empezar su viaje.*

Cuando entramos a la etapa adulta, muchos sentimos más confianza en nosotros mismos, nuestro nivel de madurez está más elevado debido a las experiencias personales que nos han fortalecido para avanzar con más seguridad y autoestima. Me gusta comparar la vida adulta con la de una mariposa cuando esta emerge de la crisálida con sus suaves y dobladas alas contra su cuerpo. Debe esforzarse para poder moverlas con el propósito de que funcionen, pero este proceso es un poco doloroso, ya que la mariposa bombea sangre en sus alas para emprender su primer vuelo.

De igual forma, los que confiamos plenamente en Jehová bombeamos lágrimas, no por creer en Él, sino por las críticas que recibimos de nuestros seres más queridos cuando notan que Cristo está transformando nuestra vida. No obstante, Dios nos fortalece durante este proceso para que nuestra luz brille como el sol y volvamos a renacer como el amanecer.

Cuando empezamos a obtener más sabiduría en los caminos de Dios, también empezamos a recibir ataques que tienen como objetivo alejarnos del propósito que Él quiere cumplir en nuestra vida. Estos ataques pueden ser presentados en diferentes formas, tales como una enfermedad, rebeldía de los hijos, una infidelidad u otras formas que puedan provocarnos un desánimo a la hora de leer la Biblia, de ir a la iglesia o de orar. No importa de qué manera se presenten, lo que sí importa es que tenemos que ser vigilantes para saber enfrentarlos en el momento en el que aparezcan. Es importante no rendirnos y pelear la batalla.

No podemos dejar que nada nos separe del amor de Cristo. La palabra de Dios expresa:

> Antes, en todas estas cosas somos más que vencedores por medio de aquel que nos amó. Por lo cual estoy seguro de que ni la muerte, ni la vida, ni ángeles, ni principados, ni potestades, ni lo presente, ni lo por venir, ni lo alto, ni lo profundo, ni ninguna otra cosa creada nos podrá separar del amor de Dios, que es en Cristo Jesús Señor nuestro (Reina Valera, 1960, Romanos 8:37-39).

Qué maravilloso es saber que nosotros somos más que vencedores gracias a Jesús, quien nos salvó. Si Él venció, nosotros también podemos hacerlo. Cuando verdaderamente tomamos la decisión de buscar a Dios, nos enfrentamos a batallas muy fuertes que parecen casi imposibles de ganar, pero el Rey de reyes nos socorre. Por ende, es importante saber que para vencer tenemos que mantener nuestra fe y no desmayar.

Yo también he recibido ataques del enemigo por medio de familiares y amigos durante mi caminar con Dios. He escuchado a muchas jóvenes decir que ser mujer es difícil en un mundo donde siempre somos señaladas por la más mínima cosa, pero creo que ser una mujer que quiere tener una relación espiritual con Dios es aún más difícil en un mundo donde constantemente la moda nos impone un código de vestimenta que es aceptado por la sociedad. Razón por la cual muchas personas no quieren venir al evangelio, pues no están dispuestas a renunciar a la moda que el mundo les ofrece.

Antes de entregarle mi vida a Cristo, no usaba faldas largas y las amigas con las que salía tampoco eran amantes de este tipo de vestimenta. Cuando me convertí, todas esas amigas se rieron de mí y me decían que parecía una anciana sin brillo, que nunca iba a encontrar a una pareja, que estaba ocultando mi belleza y que parecía otra persona tan solo por llevar una falda larga. No voy a mentir, en verdad esas palabras me hirieron porque salían de la boca de aquellas personas que algún día disfrutaban mi compañía y viceversa. Lo que mucha gente que desconoce el Evangelio ignora, es que no todas aquellas mujeres que somos cristianas portamos una falda las veinticuatro horas y los siete días a la semana. Nosotras también usamos pantalones, e incluso algunas iglesias cristianas lo permiten dentro de la congregación. Lo que nos resulta cuestionable es usar el pantalón apretado o con la intención de provocar. Y aunque Cristo conoce lo que realmente hay en nuestro corazón, no podemos olvidarnos de tener reverencia ante su presencia si queremos agradarle en toda nuestra manera de vivir, incluso a través de nuestra vestimenta.

A pesar de lo que la gente me decía, yo estaba segura de que mi Redentor me había redimido y había roto todas las cadenas que me mantenían cautiva. Yo seguía siendo la misma que se preocupaba por sus amigos, por su familia y por su futuro, con la única diferencia de que mi prioridad ya no era vivir por mis propios ideales, sino reflejar a Cristo a través de mi vida aplicando su Palabra. Muchas veces lloré porque sentía el rechazo de esas personas que algún día fueron mis amigas, pero recordé que mi trabajo no es complacer a la gente sino obedecer y agradar a Dios.

Otro ataque que tuve que enfrentar fue la presión social de parte de mis familiares, quienes se sorprendían porque ya no tomaba alcohol. Cuando asistía a un cumpleaños o a una cena familiar, todos me ofrecían una cerveza, pero yo la rechazaba. Me decían que estaba loca y que perdía mi libertad a causa de la iglesia. Lo irónico es que ellos estaban tan ciegos que no podían ver con claridad que yo no estaba perdiendo mi libertad, sino, más bien, me estaba liberando de mi esclavitud y estaba orando por ellos para que también fueran liberados.

Dejé de tomar alcohol porque entendía que al hacerlo volvía a vivir como antes de entregarle mi vida a Cristo. Hay quienes dicen que no hay nada de malo en consumirlo y quizá tengan razón. El peligro es cuando ligamos el alcohol con las emociones y terminamos embriagados. Muchas veces esto nos conduce a tener un comportamiento agresivo y desordenado, lo que podría llevarnos a lastimar a otras personas o a nosotros mismos. La Palabra de Dios dice: «El vino es escarnecedor, la sidra alborotadora, y cualquiera que por ellos yerra no es sabio» (Reina Valera, 1960, Proverbios 20:1). Yo prefiero ser sabia alejándome del consumo del alcohol, ya que este le causó daños a mi bolsillo y a mis relaciones interpersonales. Escojo llenar mi ser con el Espíritu Santo.

La Biblia dice que no se puede servir a dos señores: o estás con uno o estás con el otro. Yo tenía bastante claro con cuál quería estar, por eso me quedé con Jesús. Quiero recalcar que a veces me sentía tentada por el alcohol, era como si quisiera tomarme todas las latas de cerveza que me ofrecían, pero durante mi prueba le pedía a Dios que me ayudara a resistir. No obstante, en ocasiones era difícil aguantar la presión constante que muchos usaban para burlarse de mí.

Pude entender que no importa cuánto tiempo tengas en los caminos del Señor, ya que mientras más apegada a Él está tu alma, más fuertes serán los ataques que vas a recibir.

Este camino no es fácil, por eso muchos ya se han apartado. La Biblia dice: «El reino de los cielos sufre violencia, y solo los violentos lo arrebatan» (Reina Valera, 1960, Mateo 11:12). Sé que debo ser valiente para llegar a la meta. Dicha valentía no solo consiste en reír cuando todo va bien, también implica levantarse y pelear la batalla cuando un ejército de críticas se alce contra ti.

Si tú también sientes que podrías enfrentar o que estás enfrentando la misma batalla por la que yo pasé, te animo a no rendirte y a fortalecer tu fe a través de la oración. Aprende a aceptar que, así como existen tiempos buenos, también existen aquellos difíciles; sin embargo, no importa en qué etapa nos encontremos, Dios siempre está con nosotros. No importa cuántas veces te caigas intentando volar, sé fuerte como la mariposa que en la etapa adulta sigue practicando con sus alas, aunque bote sangre, porque su única meta es moverlas y empezar su viaje.

Nuestra meta también debe ser volar tan alto que podamos llegar a ver a nuestro Creador. Para eso debemos mantenernos firmes en su camino, perseverar hasta el final y obedecer sus mandamientos. Dios es bueno y no tiene ninguna obligación de salvar nuestra alma, pero a Él le ha placido hacerlo porque su misericordia y su amor sobrepasa todo entendimiento.

5 minutos
DE TRANSFORMACIÓN

Usa las siguientes líneas para escribir cuáles son las cosas ofensivas que crees que las personas te dirían si das ese paso importante en tu vida, o las que te han dicho si ya empezaste a buscar de la presencia de Dios. También escribe algunas posibles respuestas que podrías dar a esas críticas tomando en cuenta el apoyo de Dios.

Capítulo 6

CONFIANDO EN DIOS A PESAR DE TODO

*Entonces entendí que mi trabajo no era
cuestionar a Dios sino confiar en Él...*

Cuando pasamos por una situación difícil, primero tendemos a buscar ayuda de nuestros seres queridos, mejores amigos o terapeuta, pero muy rara vez solicitamos la ayuda de Dios primero. No hay nada de malo en buscar el apoyo de agentes externos, ya que Dios los usa como instrumento para obrar en nuestra vida, pero es importante acudir al Todopoderoso en primer lugar, porque Él tiene la capacidad de resolver nuestra situación en su tiempo perfecto y de dirigirnos a esos agentes externos que nos pueden ayudar. Él siempre está disponible para escucharnos sin necesidad de esperar ni hacer cita. Una de sus cualidades es que es omnipresente, así que si anhelamos hablar con Él, puede estar con nosotros al mismo tiempo que lo hace con otras personas porque nunca abandona a quienes lo necesitan. Esta es una cualidad poderosa que los seres humanos no tenemos. La verdad es que Él sabe todo lo que pasa en nuestra vida aun antes de que suceda.

En momentos difíciles, sentimos la necesidad de que alguien nos escuche y sea nuestro paño de lágrimas, por eso somos tan propensos a buscar ayuda con una persona que no solo nos vaya a escuchar, sino que también nos pueda brindar una posible solución a nuestro problema de forma inmediata. Nos encanta resolver todo rápidamente y nos olvidamos de que Dios siempre está esperando a que hablemos con Él, aunque quizás su respuesta no sea tan rápida como la que te puede dar tu amiga. Muchas veces la respuesta que obtengas de parte de Él puede surgir después de varias oraciones o de acuerdo con el tiempo que Él tenga determinado para revelarte dicha respuesta. Saber tener paciencia y esperar la solución de nuestro Padre Celestial trae recompensas porque eso nos permite ver cómo Él se glorifica a través de nuestros momentos de dificultad.

En la Biblia, encontramos la historia de la mujer que tuvo doce años con flujo de sangre. Marcos 5:26 explica que aquella mujer había gastado todo su dinero visitando a médicos para que la ayudaran a resolver su situación, pero ninguno pudo. Un día, ella alcanzó a ver a Jesús en medio de una gran multitud y, aproximándose por detrás, tocó su manto e inmediatamente fue sanada de su condición. Qué increíble debió haber sido ser curada, sin tener que pagar ni un centavo más, sin tomar ninguna medicina y solo en un instante. Esto fue posible gracias al poder de Jesús y de la fe que esta mujer tenía, porque ella tocó su manto sin dudar de que haciéndolo se sanaría. Aunque parecía imposible hablar con Él, ella no se rindió, y solo acercándose al borde de su vestimenta recibió el milagro que había esperado toda su vida. Nadie más tuvo esa iniciativa, pero ella sí. Lo que quiero decir con esto es que debemos tomar la iniciativa de tener contacto con nuestro Creador de alguna manera u otra porque solamente Él puede transformar el dolor en paz y la tristeza en felicidad. Cuando el médico te diga que no hay solución, que no hay remedio, no le creas, porque durante doce años esta mujer no encontraba cura y cuando conoció al Rey de reyes la encontró, por lo que tú también puedes recibir tu milagro.

Recuerdo que en una de mis visitas médicas fui a recoger los resultados de un examen que me hicieron, para saber si existía algún tipo de virus o de infección en mi cuerpo; también mostraba el conteo de los glóbulos blancos y los glóbulos rojos. Ese día en el consultorio, el doctor me dijo que estaba preocupado ya que mi examen mostraba que el conteo de mis células blancas estaba por encima de lo normal, yo, ignorante en el tema, no entendía esa preocupación y le pedí que me explicara con más exactitud. El doctor me miró fijamente y me dijo: «Al parecer, hay alguna infección en tu sistema, no quiero asustarte, pero muchas veces cuando las células blancas se reproducen en gran manera puede deberse a la presencia de un cáncer».

Sentí que me habían clavado una puñalada lentamente. Mi mente estaba vacía, no sabía qué decir. Luego de salir del consultorio, empecé a caminar hacia la estación del autobús y, mientras tanto, oraba en mi interior rogándole a Dios que todo estuviera bien. De repente, me puse muy ansiosa y llamé a mi madre para contarle todo, ella se sorprendió y me dijo: «Confía en Dios». Le pedí a mis familiares que hicieran una oración por mí y compré un tiquete de avión para viajar a República Dominicana, donde me estarían realizando el mismo examen nuevamente. Esta vez, cuando me entregaron los resultados, sorpresivamente el conteo de las células blancas había bajado y estaba en su punto perfecto. Agradecí a mi Padre Celestial y a mi familia por sus oraciones.

Luego, decidí ir a un especialista de salud llevando los resultados que ya me habían entregado y este me dijo que posiblemente las células blancas se habían reproducido en gran cantidad porque una semana antes me habían extraído una muela y aún la cicatriz no estaba curada por completo. Finalmente, entendí que Dios tenía un plan conmigo. A través de esta experiencia, me enseñó una lección muy importante, tener paciencia y confiar más en Él. Yo quería una respuesta rápida, como cualquier persona que crea que su salud está en peligro y aunque había orado antes, actué demasiado rápido sin dejar tiempo para recibir la respuesta de parte del Omnipotente. Escuchar una respuesta alentadora no sucedió inmediatamente; fue en su tiempo perfecto. Si todos rogamos al Padre con un mismo sentir, Él nos escucha y obra en consecuencia. Mi familia y yo estábamos orando por una respuesta que nos diera tranquilidad, y dicha súplica fue contestada no en nuestro tiempo sino en el tiempo de Dios.

En otro momento de mi vida pude ver que si ponemos a Dios como nuestro primer ayudador todo obra para bien. Cuando empecé a buscar un lugar para mudarme sola, fue un proceso difícil para mí, porque todas las aplicaciones que llenaba me eran denegadas, ya fuera por mi ingreso anual o por mi puntaje de crédito. Estaba muy triste, no entendía por qué todo me estaba saliendo mal en un momento de mi vida en el cual solo buscaba ser más independiente. No me rendí y seguí llenando aplicaciones y llamando a diferentes agencias de Real Estate para que pudieran ayudarme. Mientras hacía todo esto, también oraba y le pedía a Dios que me ayudara a encontrar un lugar para vivir.

Después de cinco intentos fallidos, ya no tenía ánimos para seguir, no quería ilusionarme para luego decepcionarme nuevamente. Tenía mi correo electrónico lleno de mensajes de agencias de viviendas que estaban rentando apartamento, pero estaba tan frustrada que ya no quería continuar. Una mañana me levanté y me dije a mí misma que tenía que ser perseverante porque Dios no me abandonaría. Así que tomé la computadora y me senté en la mesa, le envié un correo a un agente de vivienda e hice una cita para visitar el apartamento. El día del encuentro, dos de mis amigos me acompañaron y eso me hizo sentir más segura. Cuando vi el lugar, me gustó mucho y quedé enamorada, pero parecía que mi decepción se aproximaba nuevamente cuando el agente me preguntó: «¿Cuál es su ingreso anual?». Esta era la interrogante decisiva. Tímidamente, le respondí: «Treinta y cuatro mil dólares». Me dijo que era una cantidad muy baja y que debía incluir a otra persona en el contrato para que el ingreso fuera mayor y así poder rentar el apartamento.

Después de mi cita, tomé mi celular y llamé a mi amigo. Le dije que necesitaba que me ayudara incluyéndose en el contrato conmigo; él aceptó y sometimos la aplicación. Entonces, el agente de vivienda me dijo que había otras personas interesadas en el apartamento y que su ingreso era aún más alto que el de nosotros. Eso me quitó el ánimo, pero de igual manera seguía orando. A la mañana siguiente, el agente me envió un mensaje de texto donde decía que me ayudaría para que me dieran el apartamento a mí, aun sabiendo que mi ingreso era menor, por lo que me dio una cita para el domingo por la tarde.

El domingo en la mañana fui a la iglesia a adorar a mi Salvador y le pedí que me ayudara a tener el apartamento que había visto. Una de las jóvenes de la iglesia estaba entonando una alabanza y cuando comenzó a proclamar la Palabra, se expresó diciendo: «Dios dijo que este día se termina tu problema». Cuando escuché esto lloré mucho porque sabía que me hablaba a mí. Al asistir a mi cita, el agente me dijo que había sido aprobada poniendo las llaves del apartamento en mis manos. Le di gracias a Dios porque escuchó mi oración y la contestó. No hay nada imposible para nuestro Creador y, aunque las cosas no sucedan inmediatamente, Él siempre está obrando. Permítele ser el primer ayudador en tu vida y mantén tu fe sin importar lo que suceda.

Estas experiencias me transformaron espiritualmente, ya que me ayudaron a acercarme más a Dios, no por lo que pueda recibir de Él, sino porque sé que puedo contar con su apoyo en cualquier momento. La relación que tengo con Jesús no está basada en lo material; de enfocarse solo en tal cosa, nunca sería verdadera y cuando ya no esté lo material, la relación también dejaría de existir. Más bien el amor, la confianza, la comprensión, el perdón y la entrega deben ser la verdadera base en una relación genuina y pura, cosa que verdaderamente encontramos cuando caminamos con Cristo.

¿Qué hacer cuando no hay una salida aparente?

Es fácil confiar en Dios cuando todo sale bien, ya que los resultados positivos no nos hacen cuestionar la satisfacción que nos da la ausencia de problemas. Por otra parte, cuando nuestra vida parece un callejón sin salida donde en cada posible puerta hay un bote de basura imposible de mover, es cuando cuestionamos todo, incluso nuestra existencia. Cuando las cosas no salen bien muchas veces le reclamamos a nuestro Creador con expresiones tales como «Pero, Señor, ¿por qué esto me pasa a mí?», «Padre, ¿por qué me has abandonado?» o «Jesús, yo sé que existes, pero ¿dónde estabas cuando me pasó eso?».

La verdad es que nosotros nos sentimos con el derecho de pedirle explicación a Dios cuando las cosas no suceden a nuestra manera. Debemos entender que Él no está en posición de aclararnos la razón de determinada situación, antes bien, nosotros debemos confiar en Él todo el tiempo, ya sea en tiempo de lluvia o en tiempo de sol.

Cuando surgió la pandemia del COVID-19 muchas personas en todo el mundo perdieron la vida, otros afrontaron la pérdida de un ser querido, su empleo, su vivienda, y peor aún, la libertad de poder estar juntos en un mismo lugar. La pandemia se convirtió en un relato histórico para la humanidad donde el miedo y la incertidumbre arroparon la vida de muchos. Entonces, algunas personas empezaron a refugiarse en Dios, personas que quizás nunca antes tuvieron el interés de acercarse a Él.

Personalmente, la pandemia fue una de las etapas más desesperantes de mi vida, desesperación que me llevó a estar más cerca de Dios. Yo sentía que la única esperanza era Cristo y aún lo siento así. Al principio de la pandemia sentí miedo por mis familiares y por mí misma. Mi padre y mis hermanos fueron los primeros en contagiarse con el virus y lamentablemente no pude estar cerca de ellos. No sabía si iban a sobrevivir o qué pasaría después. Solamente nos comunicábamos por videollamadas. Cuando veía la cara pálida de mi padre pensaba que lo perdería, pero gracias a Dios que mi padre y hermanos ganaron la batalla.

Poco después se contagió mi madre y volví a encontrarme en un callejón donde no veía la salida. Creo que fue más difícil para mí mantener la calma cuando mi madre se enfermó, ya que vivíamos en la misma casa, pero parecíamos prácticamente dos extrañas: aisladas una de la otra y tomando precauciones estrictamente fuertes para que yo no me contagiara. Me tocaba dormir en la sala del apartamento y desinfectar el baño cada vez que tenía que bañarme. Mi ansiedad empezó a aumentar bastante y por las noches tenía pesadillas en las cuales veía la imagen de que algún familiar fallecía a causa de la pandemia.

Estaba tan desesperada que empecé a cuestionar a Dios por todo lo que estaba sucediendo con mi familia y con el mundo. Le preguntaba: «¿Se va a morir algún familiar o me voy a morir yo? ¿Por qué está sucediendo esto en el mundo? ¿Cuándo se va a terminar esta prueba de dolor y nos reuniremos de nuevo?». Eran muchas mis preguntas, pero no encontraba las respuestas. Sentía que no había una puerta que me condujera a la salida de tan terrible situación. Todavía no me había dado cuenta de lo afortunada que era de estar viva, de poder hablar con mis familiares, aunque fuera por videollamadas, de tener un trabajo (aunque fuera desde casa), de tener comida en la nevera; esas simples cosas que muchas personas ya habían perdido. Me estaba enfocando solo en lo que me afectaba.

De la misma forma en la que Cristo sanó a mi padre y mis hermanos también sanó a mi madre, y aunque después se contagiaron tres tíos, El Salvador también los sanó y no permitió que murieran. Entonces entendí que mi trabajo no era cuestionar a Dios sino confiar en Él sin dudar porque Él siempre tiene el control de todo.

El Rey de reyes siempre estuvo con mi familia y conmigo, y gracias a su cuidado nunca me contagié con el virus. Definitivamente, esos momentos difíciles me hicieron entender que cuando parece no haber una salida, Dios sigue siendo la salida, aunque quizás la puerta no esté abierta. La Biblia dice: «Dios es nuestro amparo y fortaleza; nuestro pronto auxilio en las tribulaciones» (Reina Valera, 1960, Salmos 46:1). Sin dudar puedo decir que esto es verdad porque literalmente pude ver cómo la mano del Rey de gloria protegió la vida de mis familiares. Por eso confío en Él y no me canso de exaltar su nombre.

Capítulo 7

EL MILAGRO QUE DIOS HIZO EN MI VIDA

*...fui transformada por Dios cuando me hizo
entender mi propósito.*

Para mí, la palabra «milagro» es cuando algo sobrenatural y extraordinario ocurre en el momento en que menos lo esperamos. Por ejemplo, cuando el barco del Titanic se hundió el 15 de abril del año 1912, la mayoría de las personas que iban a bordo murieron, pero aquellos que quedaron con vida seguían luchando mientras naufragaban en barcos salvavidas. Nadie sabe qué pasaba por sus mentes en ese momento y quizá muchos ya habían perdido la esperanza, pero gracias a Dios y a los rescatistas, pudieron sobrevivir y no morir congelados como les pasó a otras víctimas. Definitivamente, si esto no fue un milagro, no sabría cómo llamarlo. De la misma forma que un cuadro no se puede pintar sin un pintor, un milagro no puede ocurrir sin Dios. Cuando nuestro

Padre Celestial obra, usa su poder para hacer que lo imposible sea posible.

Cuando yo era niña, fui sometida a una operación de una hernia en la parte superior de mi pelvis que casi me costó la vida, ya que luego de la cirugía permanecí dormida por ocho horas sin signos vitales. Mis padres narran que la enfermera trataba de despertarme con una muñeca, pero yo seguía en mi dulce sueño, el cual, para ellos, era muy amargo. Mis padres recuerdan que esperaban un milagro en medio de su angustia y de su desesperación.

Mi padre dice que su frustración era tan grande que llegó a perder el control, agarrando a la enferma por el cuello agresivamente mientras la culpaba diciéndole: «¡Usted mató a mi hija!». La enfermera llamó a la seguridad y mi padre fue esposado por su comportamiento. Todo se había calmado y, cuando menos lo esperaban, volví a abrir mis pequeños ojos. Yo creo que Dios hizo un milagro cuando me trajo de vuelta al mundo y, si así Él lo quiso, es porque los planes que diseñó para mi vida son grandes y mi tiempo en este mundo es para glorificar su nombre. Aquí nadie tenía el control de la situación, ni la enfermera, ni la muñeca, ni siquiera mis padres, solamente el único que es merecedor de toda gloria hizo en mí un milagro. Esto demuestra que, aunque los problemas de este mundo intenten desconectarnos de nuestro propósito, Dios nunca lo permitirá.

Muchas veces me pregunté: ¿cuál es mi propósito en esta vida? Y la verdad es que creo haber encontrado la respuesta. Es adorar y glorificar el nombre de Cristo por todas las maravillas que Él ha hecho en mi vida, por lo que está haciendo y por lo que hará. Si tú también te has preguntado por qué razón estás en la tierra, te aconsejo prestar atención al siguiente versículo: «Porque en Él fueron creadas todas las cosas, tanto en los cielos como en la tierra, visibles e invisibles; ya sean tronos o dominios o poderes o autoridades; todo ha sido creado por medio de Él y para Él» (Reina Valera, 1960, Colosenses 1:16). Este pasaje ha hablado a mi vida para hacerme entender que no me pertenezco a mí misma, sino que fui creada por Dios y para Dios, lo que realmente significa que no estoy en este mundo para hacer mi voluntad, sino la voluntad de Aquel que me creó.

Quizá lo que quiero hacer en este momento es viajar a Italia y comerme un *gelato* en la Isla de Manarola mientras camino cerca del mar. Pero el Padre Todopoderoso quiere que esté sentada en mi cama escribiendo las páginas de este libro, porque su propósito es llevar un mensaje hermoso de cómo su Palabra y mi relación con Él han cambiado mi vida. Te digo con toda sinceridad que para mí es más fácil viajar a Italia que seguir escribiendo, pero si tomo la decisión de irme de vacaciones y me olvido de este libro, mi testimonio quedará solo en mi memoria, donde el nombre de Jesús no sería glorificado como Él se lo merece. Mi objetivo es adorarle, por eso elijo seguir escribiendo.

El propósito de todos nosotros es adorar al Rey de reyes, pero no todos lo comprenden o no todos saben cómo hacerlo. Desde que conozco que mi propósito es adorar a Dios, sé que puedo hacerlo de diferentes maneras, por ejemplo, escribiendo este libro, escribiendo poesía o mediante la oración para glorificar su nombre.

No saber cuál es nuestro propósito puede llevarnos a la confusión, causarnos desesperación y desencadenar decisiones equivocadas. Cuando vemos a otras personas decir que ya han descubierto su propósito, nos sentimos felices, pero al mismo tiempo podemos llegar a estar tristes y creer que no tenemos nada que aportar al mundo. No obstante, es importante confiar en Dios, pues nos ha bendecido con dones y talentos a fin de que los usemos para exaltar su nombre.

Cada persona tiene un plan para cumplir en la tierra, solo que no todos lo descubren al mismo tiempo. Hemos visto cómo muchas personas han encontrado su objetivo, o creen que lo han hecho; algunos cantantes famosos o actores de Hollywood consideran que esa profesión es su verdadero proyecto de vida, pero muy pocos se han detenido a pensar si ese es el plan que Dios realmente tiene para ellos.

Cuando fui a la universidad, pensaba que mi proyecto de vida era graduarme, encontrar un trabajo en el área de recursos humanos y tener suficiente dinero para mudarme sola. La verdad es que me equivoqué porque quise imponer esa idea como una verdad absoluta sin antes haberlo consultado con mi Padre Celestial.

Una vida con propósito no se basa en llenar nuestras propias necesidades, se fundamenta en poder ayudar a los demás en los momentos en que más lo requieran, aunque en ocasiones eso signifique tener que descuidar las necesidades propias. El ejemplo de esto es Jesús. Él vino al mundo a morir por nuestros pecados aun sabiendo que no fue él quien los cometió, por lo que dio su vida por nosotros y cumplió su misión de darnos la vida eterna. No toda persona es capaz de realizar un propósito como este porque se requiere de mucha valentía, determinación y, sobre todo, de amor, para poder obedecer la voz de Dios cuando somos llamados a trabajar en su obra de la manera que sea. Es preciso que seamos obedientes y diligentes cuando Dios nos elige para servirle porque para eso fuimos creados. No se trata de lo que nosotros queremos, sino de lo que Dios quiere que nosotros hagamos, no para nuestra propia gloria sino para la suya.

Muchas veces estamos tan ocupados en nuestra vida diaria, que nos olvidamos de tomar tiempo para escuchar a Dios y de sentarnos en silencio sin decir nada, solamente atendiendo a lo que quiere decirnos. Sin embargo, durante ese momento de silencio y tranquilidad, Él puede revelarnos nuestro propósito o el rol que quiere que ejerzamos en su obra para cumplir con su objetivo, además de expandir el mensaje del Evangelio por todo el mundo.

Estar tan concentrados en nosotros mismos puede hacernos olvidar la tarea que Dios nos encomendó. Los afanes nos estresan y muchas veces nos hacen sentir que no podemos aportar nada bueno para avanzar con su obra. Por esta razón, debemos ser sabios para no ser consumidos por ello y buscar cada día un tiempo para oír su voz. No seamos egocéntricos pensando que todo se trata de nosotros cuando en realidad no es así.

La salvación no es solo para un grupo determinado. Precisamos entender que todos tenemos la tarea de ser mensajeros que transmitan y practiquen el mensaje de Dios en su vida. Nuestro testimonio puede ser lo único que sirva de inspiración para otra persona, y nuestra vida debe estar ligada a la necesidad de llevar la palabra de Dios a cada rincón del mundo.

Algunas personas ponen excusas diciendo que no tienen tiempo para hacerlo, pero eso es una justificación barata, ya que hoy en día casi todos tenemos un teléfono celular y la mayoría tiene internet, por lo tanto, las redes sociales también se pueden usar para cumplir con este propósito. Otra herramienta que podemos emplear es la de entregar tratados a personas en el tren, el autobús, al taxista, a la cajera del supermercado o al plomero que llega a casa para arreglar una tubería. No tenemos excusas, lo que sí tenemos es una variedad de opciones en las cuales podemos convertirnos en mensajeros de Dios; para eso fuimos llamados y debemos actuar ahora.

¿Aún te preguntas cuál es tu propósito? Entonces, no esperes más tiempo, entra a tu habitación y pídele al Rey de reyes que te lo revele, porque no estás en el mundo solo para hacer un trabajo secular; estás aquí por una razón mayor, la cual es trabajar para Jesucristo.

Si te cuestionas cómo puedes prepararte para hablar de la palabra de Dios con otras personas, quiero que sepas que no existe una sola forma de hacerlo. Sin embargo, lo más importante de todo es leer la Biblia y ponerla en práctica. La palabra dice: «Mas sed hacedores de la palabra, y no tan solamente oidores, engañándoos a vosotros mismos» (Reina Valera Antigua, 1569, Santiago 1:22). Claramente, hay una diferencia grande entre el que escucha y el que pone en práctica. Al aplicar lo que aprendemos, difícilmente se olvida, pero el que solo oye puede que olvide en unos minutos. Esto es semejante al que estudia para un examen usando el método de memorización: puede que apruebe el examen, pero después de haberlo tomado, todo desaparecerá de su memoria. En cambio, el estudiante que aprende constantemente haciendo ejercicios para mantener su mente activa, siempre sabrá cómo responder las preguntas. Eso se llama dedicación y entrega y es lo que muchos de nosotros necesitamos para cumplir con la misión que Dios nos ha encomendado. Preparémonos como buenos soldados para pelear la buena batalla.

Personalmente, siento que fui transformada por Dios cuando me hizo entender mi propósito. Ahora reconozco que mi tiempo no debe centrarse solamente en mí y en lo que yo pueda hacer, sino en lo que puedo practicar para exaltar su nombre de modo que sirva de bendición para otras personas. Por eso doy gracias por la sabiduría que me ha concedido para entender que mi vida no es mía, sino de Él. He sido creada para servirle y, hasta que viva, lo haré en el nombre poderoso de Jesús. Creo plenamente en que el milagro que Dios hizo en mí está ligado con mi propósito. Él no permitió que muriera ese día porque me necesitaba en la Tierra para llevar a cabo una misión. Puede que esa misión sea escribir este libro, que tú puedas leerlo y sirva de edificación para tu vida.

¡Dios te bendiga!

Capítulo 8

LA PERSEVERANCIA

«Bienaventurado el hombre que soporta la tentación, porque cuando haya resistido la prueba, recibirá la corona de vida que Dios ha prometido a los que lo aman»
(Reina Valera, 1995, Santiago 1:12).

Perseverancia significa dedicación, constancia y firmeza para lograr un objetivo específico que nos hemos trazado. Cuando venimos a los pies del Maestro, somos conscientes de que tenemos que ser perseverantes hasta llegar a la meta. Los que hemos leído las Santas Escrituras, sabemos sobre la perseverancia y la valentía de los discípulos de Jesús al decidir seguirlo, dejando a su familia, a sus amigos y su trabajo, para dedicarse única y exclusivamente a conocerlo y a acompañarlo durante su ministerio en la Tierra. El Hijo de Dios proclamó a sus discípulos: «Si alguno quiere venir en pos de mí, niéguese a sí mismo, tome su cruz y sígame» (Reina Valera, 1960, Mateo 16:24).

¿Cuántos de nosotros somos capaces de obedecer al Nazareno sin ninguna excusa o sin haber considerado nuestra respuesta por lo menos una vez antes de decir que sí? Seguramente, quienes hemos decidido seguirlo, en principio pensábamos que era difícil porque, sin duda alguna, es todo un reto despojarse de lo que nos gusta, pero que desagrada a Dios. Tengo la corazonada de que esto es uno de los factores por el que muchas personas aún no han aceptado al Salvador. Sin embargo, nuestra actitud no puede ser de miedo, sino de valentía, así como la que los discípulos tuvieron cuando, sin pensarlo, tomaron la decisión más importante que cualquier ser humano en el mundo puede tomar: la de seguir al Único y Verdadero.

Si nos detenemos a pensar profundamente en nuestra vida, podemos darnos cuenta de que estamos aquí de paso y que Dios nos ha dado libre albedrío para decidir a dónde queremos ir cuando nuestros ojos ya no vuelvan a abrirse, cuando ya no se perciba nuestra respiración y cuando nuestro corazón deje de palpitar en esta tierra. Yo no sé a dónde quieres ir tú, pero yo deseo llegar a la casa que el Padre está preparando para nuestra llegada. Quiero sentarme en su mesa y comer de lo que Él come, quiero poder hablar con Él y abrazarlo. Ya es mucho tiempo de espera y me alegra que Él nos haya dado la oportunidad de elegir a dónde queremos ir, porque eso nos permite analizar el camino a transitar. Reconozco que mientras estemos en esta tierra, tenemos que buscar su presencia cada día para que, cuando venga, nos reconozca y que, al mirarnos, sepa que somos de ese grupo que lo esperaba con ansias; que fuimos perseverantes y que ganamos la batalla. ¿Qué quieres hacer: esperar a que Él venga para decidirte o decidir ahora antes de que regrese? Yo te aconsejo que lo hagas ahora, porque luego puede ser demasiado tarde.

El mundo en el que vivimos está lleno de trampas para hacernos perder el enfoque de una vida en Jesucristo. No seamos ilusos y aprendamos a identificar esas trampas en el camino para que nuestros pies no se desvíen por la vía de la injusticia y la maldad. Alguna de las asechanzas que posiblemente enfrentemos es el desánimo causado por algunos no creyentes y por algunos creyentes. Los no creyentes que nos desaniman suelen hacerlo usando expresiones como: «No sé por qué crees en Dios si nunca lo has visto», «El pastor de la iglesia se queda con todo tu dinero», «Si Dios existe, él no te va a querer con todos esos defectos»… Desde luego, estas palabras pueden tener un gran impacto en la vida de un ser humano que quiere conocer más de Jesucristo o que apenas está empezando a hacerlo; son hirientes, pueden causar dudas en aquellos que aún no han alcanzado una madurez espiritual.

Por otro lado, están los creyentes, a quienes yo llamo desanimadores. Esos que en vez de ayudar a levantarte cuando no estás bien, te llenan la cabeza de preocupaciones, diciéndote: «Ah, pero ¿por qué vienes a la iglesia con esa falda tan corta o con esos labios de rojo? Tú no vienes a buscar a Dios, tú vienes a buscar pareja».

Lamentablemente, este tipo de comentario es prejuicioso, la persona está juzgando a la otra consciente o inconscientemente y, por ende, causa división y desánimo. No dejemos que los comentarios negativos nos afecten, más bien, pongamos nuestra fe en Cristo para que nos ayude a perseverar hasta el final. Muchos, al escuchar este tipo de críticas, se alejan de Dios por completo en vez de orar para que Él tenga misericordia de aquellos que han ofendido queriendo ser jueces, aun sabiendo que solo hay uno que puede juzgarnos: Jesucristo. Nosotros debemos pedirle que nos dé fortaleza para vencer cada prueba que se presente en el camino. La Biblia dice: «Bienaventurado el hombre que soporta la tentación, porque cuando haya resistido la prueba, recibirá la corona de vida que Dios ha prometido a los que lo aman» (Reina Valera, 1995, Santiago 1:12). Te pregunto de nuevo, ¿vas a elegir ahora o lo dejarás para luego?

Analiza tu respuesta profundamente, ya que lo que decidas puede afectar tu futuro. No todos obtendrán la corona, hay quienes no podrán ni siquiera observar de lejos. No permitas que tu corona sea tomada por otra persona; sé valiente y persevera hasta el final.

Jesucristo nos eligió primero y ahora nosotros decidimos si queremos seguirle o no. Si tomamos la sabia decisión de seguirlo, tendremos felicidad y el cielo se alegrará por tan hermosa decisión. La palabra de Dios dice: «Os digo que así habrá más gozo en el cielo por un pecador que se arrepiente, que por noventa y nueve justos que no necesitan arrepentimiento» (Reina Valera, 1960, Lucas 15:7). Entonces, es como si en el cielo hubiera una gran fiesta porque nuestro Creador sabe que nuestra vida será restaurada por su poder y obtendremos el conocimiento pleno de la verdad. Dicha verdad se encuentra en su Palabra, esa que declara que Jesucristo es el Salvador y solo a través de Él se encuentra la salvación.

Ser hijo de Dios requiere paciencia para poder lograr nuestro objetivo, el cual es estar con nuestro Señor Jesucristo. Muchas veces nos desanimaremos y sentiremos que no somos lo suficientemente fuertes para llegar a la meta final. No obstante, debemos tener presente que solo con nuestras propias fuerzas no podremos triunfar en este objetivo, necesitamos la fortaleza que únicamente Jesucristo puede darnos para perseverar.

La Biblia señala:

> Nos gloriamos en las tribulaciones, sabiendo que la tribulación produce perseverancia, y la perseverancia produce carácter probado, y el carácter probado produce esperanza. Y la esperanza no acarrea vergüenza porque el amor

de Dios ha sido derramado en nuestros corazones por el Espíritu Santo que nos ha sido dado. (Reina Valera, 2015, Romanos 5:3-5).

No tengo duda alguna de que esto es verdad. En el mes de abril del año 2021 perdí a mi abuela materna, una mujer que amé con todo mi corazón. Esta pérdida fue un sufrimiento muy grande para mi vida, pero me ayudó a entender que, aun en los momentos en los que el dolor nos hace ver todo oscuro, Él está presente para hacernos saber que nunca nos abandona.

Era muy difícil para mí mantener una actitud de perseverancia en medio de la aflicción que me arropaba, no tenía fuerzas ni siquiera para leer la Biblia. Pasaba las tardes trabajando en mi escritorio para evitar pensar en la realidad que estaba viviendo y por las noches preparaba té de manzanilla para poder dormir rápidamente, sin tener que acordarme de que mi abuela ya no estaba. Sostuve este carácter de mujer de piedra por alrededor de un mes, hasta que le pedí a Jesucristo que me ayudara a sentir la esperanza de que todo iba a estar bien. En esa esperanza encontré mi refugio, ya que él mismo nos enseña que las aflicciones que enfrentamos en esta vida son pasajeras y que su amor permanece para siempre.

Entender esta verdad durante mi sufrimiento moldeó mi carácter y me enseñó a tener más confianza en Dios, así como también a ser perseverante sin importar qué tan oscuro sea el valle que esté atravesando. Él está conmigo y esa oscuridad no puede ser motivo para alejarme de su presencia. Si decidimos seguir a Jesús solo por las bendiciones que pueda darnos, nos estaremos engañando a nosotros mismos. De ser así, estaremos siguiéndolo por interés y no por el sacrificio que hizo cuando murió en la cruz por nuestros pecados. En tiempos dolorosos debemos recordar que ser hijo de Dios no significa que no vamos a pasar angustias, sino que, aun durante la prueba, tenemos que ser perseverantes.

Capítulo 9
UN ENCUENTRO

Él puede transformar nuestra vida
sin importar nuestro pasado.

Cuando leemos la Biblia, encontramos la historia de muchas personas a las que Jesucristo transformó de una manera u otra. Algunos ejemplos de ello son la mujer samaritana, Saulo (el perseguidor de los cristianos que se convirtió en apóstol), el ciego Bartimeo, la mujer que había cometido adulterio, entre otras personas. Leer sus historias nos demuestra que nuestro Salvador no hace acepción de personas y que puede transformar la vida de cualquiera que crea en Él. Los personajes ya mencionados tuvieron un encuentro con Jesucristo que cambió sus vidas para siempre y hoy en día muchos de nosotros también anhelamos tener un encuentro como ese. Quizás hubo una ocasión en nuestra vida en la cual nos encontramos con un familiar o con un viejo amigo al que no veíamos desde hace mucho tiempo, y cuando lo hicimos, nos dio felicidad y nos dibujó en la cara una hermosa sonrisa. La sensación que sentimos cuando tenemos un encuentro con Jesús es mucho mayor y lo más conmovedor de dicha interacción es que somos transformados por su amor incondicional.

Cuando la mujer samaritana tuvo un encuentro con el Salvador del mundo, su vida cambió para siempre, ya que el trato que recibió de Él fue muy diferente al trato que estaba acostumbrada a recibir de todas las personas que la conocían. La historia de la samaritana narra a una mujer que había tenido cinco maridos, pero no estaba casada con ninguno de ellos. Por tal razón, las personas en Samaria la veían como una mujer de poco valor, como una mujerzuela. Muy por el contrario, Jesucristo la atendió con mucha gentileza y amabilidad, cosa que sorprendió a la samaritana por completo debido a que judíos y samaritanos no se relacionaban entre sí. Cabe destacar que Jesús fue el primer hombre que la trató «como a una dama», fue el único que le dijo todo lo que ella había hecho sin tener que poner su dignidad por el suelo. En el capítulo 4 del evangelio de Juan hay una explicación más extensa de esta conversación tan hermosa que muestra el amor y la misericordia de Cristo por los pecadores. El capítulo cuenta que la mujer samaritana se encontraba, como usualmente hacía, en el pozo de Jacob para sacar agua. Entonces, Jesús le pide de beber ya que estaba cansado del camino y se había sentado junto al pozo para descansar y esperar a que esta llegara. Ella no sabía que, al llegar, el Hijo de Dios estaría ahí, pero Él sí y, de este modo, en ese día su vida sería transformada. Jesús le dijo:

> Cualquiera que bebiere de esta agua, volverá
> a tener sed; más el que bebiere del agua que
> yo le daré, no tendrá sed jamás; sino que el
> agua que yo le daré será en él una fuente de
> agua que salte para vida eterna. La mujer le
> dijo: Señor, dame esa agua, para que no tenga
> yo sed, ni venga aquí a sacarla. (Reina Valera,
> 1960, Juan 4:13-15).

Luego de que esta mujer tomara una decisión tan importante, salió corriendo a contarle a todas las personas en Samaria sobre el Rey de reyes. Entonces, podríamos alegar que ella se convirtió en la primera evangelista de Samaria en compartir el mensaje de salvación, provocando en muchos la necesidad de conocer al Mesías para que este les diera la misma agua que le había dado a ella. Antes de que la samaritana tuviera un encuentro con Jesús, nadie en Samaria sabía que Él era el Mesías, sino cuando ella regó la voz.

Por consiguiente, podemos decir que la vida de esta mujer dio un giro de ciento ochenta grados. Pasó de ser una mujer que era despreciada por muchos, a una mujer con quien una gran cantidad de gente quería hablar para saber sobre la experiencia que había vivido. De esta forma, ellos también tomarían la misma decisión que esta mujer de aceptar a Jesucristo. Esta historia nos enseña que no importa la humillación y el desprecio que recibamos de otras personas a nuestro alrededor, tenemos un padre de amor que no nos abandona y que busca transformarnos cada día con su amor incondicional, un padre justo que es el único que puede juzgarnos y, cuando lo hace, siempre lo hace amorosamente. Dios nos muestra su grandeza en el hecho de que, aun siendo superior a nosotros, sale cada segundo, cada minuto y cada hora a buscarnos tocando la puerta de nuestro corazón. Espera que abramos nuestro ser para poder entrar como nuestro consejero íntimo y cambiar cada aspecto de nuestra vida a través de su amor y su palabra, al igual que lo hizo con la mujer samaritana.

Otro de los personajes bíblicos que fue transformado radicalmente por el amor de Dios fue Pablo, quien pasó de ser perseguidor de cristianos a ser apóstol fiel llevando la Buena Nueva a los gentiles. Los gentiles eran aquellas personas que no eran directamente judíos, por lo tanto, seguían sus propios dioses y sus propias leyes, las cuales eran muy diferentes a las de los otros. Aún en el presente, cualquier persona que no sea judío, sino que pertenezca a otra nación, es considerado gentil.

Antes de que Pablo aceptara a Jesucristo como único y verdadero salvador, su nombre era Saulo. Era un hombre temido por todos los creyentes en Jerusalén, ya que su objetivo principal era apresar y asesinar a aquellos que creían en Cristo. No obstante, el Redentor de la humanidad nuevamente nos muestra que no hace acepción de personas; cambió la vida de Pablo por completo cuando le dijo: «Saulo, Saulo ¿por qué me persigues?» (Reina Valera, 1960 Hechos 9:4), lo que causó que este cayera de su caballo a la tierra y se quedara ciego por tres días.

El mismo día en el que Pablo escuchó la voz del Señor por primera vez, iba de camino a la sinagoga de Damasco a una misión para ir a atrapar a los creyentes, pero Cristo no lo permitió. Posteriormente, el Señor usó a Ananías, un creyente que vivía en Damasco para que fuera a visitar a Pablo y le devolviera la vista. Sus palabras fueron: «Ve porque él es mi instrumento elegido para llevar mi mensaje a los gentiles y a reyes como también al pueblo de Israel; y le voy a mostrar cuánto debe sufrir por mi nombre» (Reina Valera, 1960, Hechos 9:15). La Biblia narra que Pablo fue bautizado después de recuperar la vista, fue lleno del Espíritu Santo y enseguida empezó a predicar la palabra de Dios en las sinagogas. Definitivamente, muchos se asombraron al verlo y algunos no creían que verdaderamente hubiera decidido seguir a Cristo.

Sin embargo, Pablo había sido rotundamente cambiado por el poder, el amor y la misericordia de nuestro Salvador, por lo que llevó el mensaje de salvación por todo el imperio romano en tres viajes misioneros. Esto, sin duda alguna, abrió la puerta para que los gentiles aprendieran sobre el Evangelio y vinieran a los pies del Omnipotente. Por otro lado, es fundamental mencionar que Pablo fue perseguido por los opositores a la Buena Nueva y también estuvo encarcelado en Roma por predicar. Esta historia nos enseña que no hay nada imposible para Dios y que, si nosotros lo aceptamos, Él puede transformar nuestra vida sin importar nuestro pasado. Él es el único alfarero que nos moldea convirtiéndonos en la vasija más hermosa que jamás se haya visto y usa nuestro testimonio para gloria y honra de su nombre.

También está la historia de Bartimeo, un ciego que vivía en Jericó y que mendigaba en la calle. Su vida fue transformada por el amor y la misericordia de Cristo cuando le devolvió la vista. Bartimeo fue un hombre de fe, porque aún sin ver a Jesús y solo escuchando su voz, reconoció que Él tenía el poder para sanarlo y sacarlo de su calamidad. Por tal motivo, al oírlo, clamaba para ser escuchado a pesar de que muchos le decían que se callara. La Biblia dice que desde que Bartimeo recobró la vista siguió a Jesús en el camino (Reina Valera, 1960, Marcos 10:52).

Incuestionablemente, la historia de Bartimeo podría ser tomada por nosotros y hacerla personal. Aunque el tipo de ceguera que tengamos quizá no sea el mismo, el objetivo principal sí puede ser igual, porque nosotros también le clamamos a Dios para que transforme nuestra vida de una forma u otra, sin importar si existen algunas personas que nos manden a callar. Clamemos al Padre Celestial para que cambie nuestras penas en alegrías y nos enseñe a vivir una vida de agradecimiento por todo lo que nos ha dado. Bartimeo, como estaba ciego, clamaba desde el piso donde se encontraba sentado. No podía perseguir al Maestro porque no sabía a qué dirección ir, pero es impresionante que cuando este le manda a llamar, «Él, entonces, arrojando su capa, se levantó y vino a Jesús» (Reina Valera, 1960, Marcos 10: 50).

Este versículo no especifica si el ciego llegó al Maestro solo o acompañado. Lo que es evidente es que se levantó solamente cuando este lo mandó a llamar. Sin lugar a duda, esto muestra que Bartimeo reconoció que el único que podía sacarlo de la condición en la que estaba era el Rey de reyes.

Pienso que no solo su vista física fue recobrada ese día, sino que seguramente su fe fue fortalecida más de lo que ya estaba. Cuando nosotros creemos que Dios puede restaurar nuestra vida y llegamos a ser testigos de ese cambio, nuestra fe crece y nuestro anhelo de estar en su presencia también. Aprendamos de Bartimeo y clamemos a Dios cada día para que restaure nuestro ser.

Otra de las historias que debo mencionar cuando hablo de transformación es la de la mujer que fue sorprendida en adulterio, la cual iba a ser apedreada por un grupo de personas. Esto era lo que la ley de la castidad, escrita por Moisés en el Antiguo Testamento, dictaba que debía de hacérsele al hombre y a la mujer que fueran descubiertos cometiendo adulterio. Moisés fue un hombre escogido por Jehová para llevar al pueblo de Israel fuera de Egipto, donde se encontraban cautivos. Entonces, al salir de allí, Jehová dictó diferentes leyes a Moisés para que el pueblo las obedeciera. Esta ley se encuentra dentro de las leyes sobre la castidad. Ahora bien, Jesucristo vino a hacer cumplir la ley pero con amor, no para condenar sino para llamar a todos al arrepentimiento, no solo a los justos, sino a todos aquellos que necesitaban una transformación divina de su parte, haciéndolo sin tener que utilizar una piedra para corregirlos como forma de enderezar su camino.

Cuando los fariseos y escribas trajeron a la mujer a Jesucristo, este les respondió: «El que de vosotros esté sin pecado sea el primero en arrojar la piedra contra ella» (Reina Valera Actualizada, 2015, Juan 8:7). Luego Jesús dirigiéndose a ella le dijo, «vete y no peques más» (Juan 8:11). Aunque las Santas Escrituras no especifican cuál fue la reacción de la mujer al escuchar lo que Cristo había dicho, me imagino que esta estaba asombrada y que aprendió tres lecciones importantes ese día: 1) que nadie tiene derecho a juzgarla, solo Dios; 2) que ella tampoco tiene derecho a juzgar a los demás; y 3), la más importante de todas, la de irse y no pecar más como le dijo el Maestro.

Yo también puedo decir que gracias a mi experiencia con el Señor Jesús pude salir del estado tan denigrante en el cual me encontraba y entendí que cuando Dios tiene un acercamiento hacia nosotros es porque tiene misericordia de nosotros y quiere ayudarnos a salir de las condiciones desfavorables dándonos vida en abundancia.

A veces, nosotros tenemos miedo de mostrarnos tal y como somos delante de las personas que nos rodean, porque desconocemos cuál puede ser su reacción al enterarse de todo lo que hemos hecho. Por eso, nos vemos en la necesidad de tomar un escudo creado por mentiras como herramienta para protegernos del mal que puedan causarnos. Jesús nos enseña que podemos mostrarnos tal y como somos delante de Él y de cualquier otra persona, ya que nadie es perfecto, todos cometemos errores y solo Él puede señalarnos. Nosotros debemos humillarnos solo ante el Todopoderoso porque solo Él nos consuela y nos perdona; así como perdonó a la mujer adúltera mencionada anteriormente, también puede perdonarnos a nosotros. Ahora es tu momento de tener un encuentro con Él.

Capítulo 10
SOLO JESÚS TRANSFORMA

Busco la transformación en tu palabra,
la cual me abraza cuando sale el alba.
Busco la transformación en la alabanza que llena mi alma.
Busco la transformación en la oración que sale de mi corazón.
Busco la transformación en ti que me creaste a mí.
Busco la transformación en tu misericordia
que se compadece de mí.
Busco la transformación en tu amor,
el cual sana el más grande dolor.
Busco la transformación en ti, Jesús, que me llenas de plenitud.

(Poema de Yanilvia Reyes)

Redacté este capítulo el mismo día en el que escribí el poema. Lo hice pensando en cómo muchas de las personas que conozco (amigos, hermanos de la iglesia, familiares y clientes a los cuales ayudo en mi trabajo) han sido transformadas, ya fuera por medio de las Sagradas Escrituras, la alabanza, la oración, o por medio del amor y plenitud que se encuentra en Cristo. También, lo escribí pensando en un libro que terminé de leer pocos días antes, el cual muestra la plenitud que encontramos en Él.

Hay un dicho que expresa: «amigo en la adversidad, amigo de verdad». No son todos los amigos, los que están dispuestos a permanecer a nuestro lado en momentos difíciles. Solo hay uno que permanece en la dificultad y en la alegría sin pensarlo dos veces. Su nombre es Jesucristo, a quien muchos llegan a conocer en un momento de desolación y de tristeza. Claro, no todos lo conocemos cuando estamos en el punto más bajo de nuestra vida. Algunos tenemos el privilegio de hacerlo antes de tocar fondo y quizás esta forma tenga algo de ventaja, porque si caemos en un hoyo oscuro sabemos que existe alguien con el poder suficiente para sacarnos de ese lugar. Ahora bien, ¿qué pasa cuando caemos en ese mismo hoyo oscuro, pero aún no lo conocemos? La verdad es que Él puede encontrarse con nosotros allí para ofrecernos su apoyo, pero depende de cada uno si queremos que nos ayude y, en ese proceso de rescate, darnos la oportunidad de conocerlo.

Por medio de las Sagradas Escrituras…

Cuando mi abuela materna murió, tuve la oportunidad de conectar con mis familiares en medio del dolor y la tristeza que nos rodeaba a causa de la pérdida de un ser tan amoroso y alegre como lo era ella. Como familia, le pedimos a Dios que nos ayudara a enfrentar ese trago amargo. Una noche antes de dormir, estaba acostada en la cama conversando con mi tía Victoria quien me contó una anécdota sobre cómo aprendió a orar.

Mi tía me dijo que cuando ella se casó era muy joven, se sentía enamorada de su esposo y eran felices hasta que un día él la engañó. Ella continuó diciendo que este la había dejado sola con una renta que pagar y recibos de luz y de agua que ahora tenía que costear; pero, lamentablemente, ella no tenía dinero. La situación le causó mucho estrés y desesperación. Ese día ella trataba de orar, pero no podía, se sentía inútil ya que nunca lo había hecho. Luego, recordó que en la casa tenía una Biblia, así que la tomó entre sus manos y le dijo a Dios: «Enséñame a orar».

La tía Victoria cuenta que, al abrir la Biblia, vio el versículo 6 del capítulo 6 de Mateo y leyó: «Mas tú, cuando ores, entra en tu aposento, y cerrada la puerta, ora a tu Padre que está en secreto; y tu Padre que ve en lo secreto, te recompensará en público». Luego de haber leído este versículo, ella sabía que esa era la respuesta de Dios a su petición, así que se encerró en su habitación y oró. Mi tía fue transformada a través de la palabra del Señor Jesucristo, pero también mediante la oración. Esta es una experiencia que no ha podido olvidar.

Por medio de la alabanza...

El cumpleaños de mi padre es una fecha especial, es un día para celebrar la vida de un hombre amoroso, trabajador y ayudador, siempre dispuesto a sacarle una sonrisa a los demás. Por esta razón, el 15 de agosto de 2021, decidí hacerle una pequeña fiesta en mi apartamento con algunos amigos cercanos. Mis amigos entonaron alabanzas acompañados por el piano, la trompeta, la tambora y unas cuantas palmadas. La pequeña sala de mi apartamento se convirtió en un lugar de adoración.

Yo no sabía cómo mi padre se sentiría en ese ambiente, ya que él no es cristiano y tampoco escucha música cristiana, pero ese día pude ver cómo la alabanza lo llenaba de alegría y lo hacía declarar con su boca que Cristo es Rey de reyes. La sonrisa brillante que resplandecía en su rostro era maravillosa y qué honor fue para mi verlo cantar con fuerza: «¡Yo sé que Cristo viene, yo espero su venida! ¡Si tú estás preparado, con él te vas pa' arriba, pa' arriba, pa' arriba y no pa' abajo… subiendo, subiendo, subiendo y no bajando!». Mis amigos se sentían gozosos de ver la entrega que mi padre le ponía a la alabanza, y lo más asombroso fue cuando se despidió de nosotros diciendo: «Este ha sido uno de mis mejores cumpleaños». Sin duda alguna, mi padre fue transformado por medio de la alabanza; tanto así que cada vez que hablaba con él días después de la celebración, entonaba un poco de aquella alabanza que se había quedado grabada en su mente y corazón.

Por medio de la oración...

Un día recibí una llamada telefónica de una de mis clientas, quien se escuchaba muy ansiosa por la terrible situación en la que se encontraba, pues tres días antes de llamarme, un primo de ella la había tratado de ahorcar y la había amenazado poniendo un cuchillo en su garganta. Hablamos de medidas de protección para mantenerse a salvo y también de la importancia de la oración como ayuda para salir de la triste situación que la angustiaba.

Las familias deberían ayudarse entre sí y no causarse daños, pero, desafortunadamente, no es lo que pasa en el mundo en el que vivimos. En algunas ocasiones las personas solo ven una posible solución a su problema, como sucede con el suicidio. Esto pasó con mi clienta, pero gracias a Dios fue fortalecida a través de la oración evitando que eligiera ese camino. Al otro lado del teléfono escuché su voz decir: «Llevo varios días orando y pidiéndole a Dios que me dé fortaleza. El otro día pensé en suicidarme, pero inmediatamente me arrodillé y le pedí a Dios que se llevara esos pensamientos y Él me ayudó». Ella nunca me había dicho algo igual, pero ese día en su voz pude sentir que verdaderamente estaba siendo renovada y fortalecida gracias al poder de la oración.

Por medio del poder y la misericordia...

Imagínate pedirle a Dios que te toque y que, el día en el que menos lo esperas, venga y haga lo que le solicitaste. Pues esto es exactamente lo que le pasó a un amigo mío al que conozco desde hace diez años. Mi amigo le pedía a Dios que, si en verdad Él podía tocar a las personas, lo hiciera con él también, ya que cuando iba a la iglesia con su madre y con su hermana, veía cómo algunas personas lloraban, corrían o saltaban porque decían que el Espíritu Santo les había tocado.

El conocimiento que él tenía sobre el Espíritu Santo no era mucho. Pensaba que estas personas estaban jugando con Dios y que en realidad hacían una escena. Un día visitó la iglesia e, inesperadamente, un hermano en la fe se le acercó, puso la mano sobre su pecho y lo miró fijamente, preguntándole: «¿Tú no me querías sentir?, aquí estoy. Siénteme ahora». Entonces mi amigo empezó a llorar como un niño y fue transformado por la misericordia de Cristo, y se dio cuenta de que verdaderamente existe, que lo había escuchado y que estaba esperando el momento perfecto para acercarse a su lado. Después de este encuentro, él no volvió a ser la misma persona, no volvió a dudar del poder que Cristo tiene para acercarse a nosotros por medio de su Espíritu Santo. Lo más importante es que aprendió a glorificar el nombre de Adonai todos los días.

Por medio del amor y la plenitud...

Muchas veces, nosotros, como seres humanos, buscamos el amor y la plenitud en otra persona y nos olvidamos de que el único amor que nos puede hacer sentir verdaderamente plenos es el amor que recibimos de Jesucristo. A principios del mes de enero del año 2022, terminé de leer un libro titulado *Amor y Pureza*, de la autora Elizabeth Elliot, una mujer norteamericana que se había casado con el amor de su vida en Quito, Ecuador, hacía muchos años atrás. Ambos eran misioneros y vivían en la jungla de ese país aprendiendo el idioma de los indios para poder predicar el Evangelio. Jim Elliot era el esposo de Elizabeth y murió atravesado por una flecha en su intento de comunicarse con la tribu Auca. Lo sorprendente de esta historia es que después del asesinato de Jim, Elizabeth aún se encontraba allí como misionera y con la hija de ambos; ayudaba a las personas de la tribu que habían asesinado a Elliot. Quizás estás pensando que fue una idea descabellada, pero Elizabeth era una mujer fuerte y sabía que su amor y plenitud venían de Cristo, no solamente de Jim. Otros, en su lugar, tal vez nos hubiésemos ido o hubiésemos querido tomar represalia en contra de la tribu. Ella sabía que la misión que Dios le había encomendado iba más allá del amor que sentía por su esposo. El acto misionero de esta sierva de Dios, quien ya no está en este mundo, nos deja como legado una gran muestra de amor al prójimo y a Dios.

La transformación que cada una de las personas mencionadas recibió de parte de Cristo fue única, hermosa y de crecimiento.

Te invito a tomar al menos treinta minutos cada día para mirar atrás las cosas que hiciste y trates de ver cómo Dios creó una situación en la cual pudieras ser transformado. Luego hazte las siguientes preguntas: ¿dejé o no que Dios me transformara por medio de esa acción? ¿Compartí mi transformación con otros? ¿Cómo puedo aplicar esta transformación a mi día a día? Esto te ayudará a darte cuenta de que Jesucristo siempre está presente en nuestra vida y de que quiere llevarnos a ser la mejor versión de nosotros mismos, una inquebrantable y fortalecida por su amor y misericordia.

Jesucristo crea situaciones en nuestra vida para desafiarnos a alcanzar una transformación profunda, la cual pueda moldear nuestro carácter, razonamiento, paciencia y responsabilidad.

Capítulo 11

CRECE MEDIANTE LOS FRUTOS DEL ESPÍRITU

*Cuando buscamos ser transformados…
debemos poner en práctica su palabra
para poder reflejar su amor en nuestra vida.*

¡La práctica hace al maestro!

Eso es lo que muchos nos decimos a nosotros mismos, pero pocos somos los que realmente ponemos en práctica lo que hemos aprendido. Pues, «si afirmamos que tenemos comunión con Él, pero vivimos en la oscuridad, mentimos y no ponemos en práctica la verdad» (Nueva Versión Internacional, 1995, 1 Juan 1:6). Por lo tanto, cuando buscamos ser transformados por Jesucristo, debemos dejar atrás todo aquello que no nos sirva y que afecte nuestro crecimiento; es decir, poner en práctica su palabra para poder reflejar su amor en nuestra vida.

¿Qué crees que le sucedería a un soldado que vaya sin práctica a la guerra? Pues, aunque tenga la mejor arma, no sabrá cómo usarla y posiblemente sus compañeros estén ocupados tratando de salvar su propia vida. Por ende, este soldado sin práctica alguna podría morir en la guerra, por falta de conocimiento. No seamos nosotros como el soldado insensato, más bien, pongamos en práctica los frutos del Espíritu, los cuales son: amor, gozo, paz, paciencia, benignidad, bondad, fidelidad, mansedumbre y dominio propio (Reina Valera Revisada, 1977, Gálatas 5:22-23). ¿Crees que ya tienes estos frutos para pelear y ganar tu propia guerra? Si ya los posees, felicidades; de lo contrario, todavía estás a tiempo de cultivarlos pidiéndole a Dios que los haga florecer dentro de ti.

Amor. Todos decimos que amamos, pero nos enojamos con el ser amado cuando las cosas no salen como queremos. En vez de ver al amor como el sentimiento más bonito que podemos sentir, lo percibimos como una especie de intercambio, porque si no obtenemos lo que queremos, pensamos que la otra persona no es digna de recibir nuestro afecto. Es muy poco lo que sabemos del verdadero amor e incluso podemos alardear de que lo conocemos. La Sagrada Escritura nos dice: «El amor es paciente, es servicial; el amor no tiene envidia, el amor no es jactancioso, no se engríe; no hace nada indecoroso, no busca su propio interés, no se irrita, no toma en cuenta el mal» (Reina Valera Revisada, 1977, 1 Corintios 13: 4-5). Debo admitir que incluso después de haber leído este capítulo, me cuestioné a mí misma si verdaderamente he amado a una persona de la forma expresada el pasaje. Llegué a la conclusión de que posiblemente no exista una persona aparte de Cristo que ame de esa forma tan verdadera y real. Ahora bien, nosotros podemos poner en práctica ese amor, aunque parezca difícil demostrarlo en un mundo que está lleno de engaños y maldad. Como hijos e hijas de Jesucristo, tenemos el deber de imitarlo. Eso significa amar a tu esposo aun cuando quisieras tomar un sartén y golpearlo en la cabeza; amar a tu vecina, aunque nunca te salude en las mañanas; amar a tu esposa cuando no te cocina porque estaba cansada; amar a tus hijos y tenerles paciencia. El amor es entregar sin condición, no solo a aquellos que te aman, sino también a los que no. «Amarás a tu prójimo como a ti mismo» (Reina Valera, 1960, Mateo 22:39).

Gozo. Tener gozo significa estar alegres, pero no siempre es así. ¿Cómo podemos entonces mantener ese fruto? Lo primero es que debemos entender la diferencia que existe entre el gozo que nos brinda el mundo y el que encontramos en Jesucristo. Definitivamente, el que está en el mundo puede cambiar dependiendo de nuestro estado de ánimo, pero el que nos da Jesucristo no varía. Si estamos felices, nos gozamos, y si estamos tristes, también nos gozamos, porque sabemos que cada cosa obra benignamente para los que aman a Dios. Parece imposible mantenerse alegre todo el tiempo, pero sí se puede al encontrar esa felicidad por medio de la palabra de Dios, como lo hizo el salmista al declarar: «Por heredad he tomado tus testimonios para siempre, porque son el gozo de mi corazón» (Reina Valera, 1995, Salmos 119:111).

Paz. Cuando pienso en la palabra «paz», me imagino una paloma blanca como símbolo, una que vuela libremente sin hacerle daño a nadie, blanca como la nieve sin ninguna mancha, serena y tranquila. De eso se trata: «Si es posible, y en cuanto dependa de nosotros, vivamos en paz con todos» (Reina Valera Contemporánea, 2011, Romanos 12:18). Ahora analízate a ti mismo, ¿eres una de esas personas que promueven la paz o de esas que promueven la guerra? Mahatma Gandhi fue un abogado y un nacionalista anticolonial en la India que peleó por los derechos de los ciudadanos de su país utilizando la protesta pacífica para obtener su independencia de los británicos. Gandhi inspiró movimientos por los derechos humanos en otros países del mundo, donde las personas también implementaron las protestas pacíficas. ¿Cuál es el ejemplo de paz que nosotros queremos dejar en el mundo cuando ya no estemos aquí? ¿Estamos haciendo algo distinto al resto para promover la paz? Este es uno de los frutos del espíritu que puede ayudar a que los demás surjan. Por ejemplo, si uno tiene paz, también tiene gozo y así sucesivamente. Pongamos la paz en práctica cada día, porque un mundo sin ella es una guerra eterna donde nadie gana nada.

Paciencia. La paciencia es un don que, al parecer, no se le otorgó a todo el mundo. Algunos, por más pacientes que quieran ser, no pueden dejar atrás su impaciencia; por eso hay un refrán que dice: «la desesperación es parte del fracaso». Cuando yo estaba pequeña, no me gustaba esperar a que la luz del semáforo cambiara para cruzar la calle y tomar el autobús rumbo a la escuela; casi siempre cruzaba cuando la luz estaba roja, y detrás de mí escuchaba la voz de mi abuela que me decía: «Si te chocan, nada más hay que enterrarte». La paciencia no era una palabra válida en mi diccionario, hasta que una tarde, cruzando la calle, una motocicleta me sorprendió frenando rápidamente para no destrozar mi cuerpo. Aprendí que «más vale ser paciente que valiente» (Biblia Traducción en Lenguaje Actual, TLA, 2003, Proverbios 16:32).

Benignidad. Esto significa ser bondadoso y hacer el bien, sin hablar mal de los demás, mostrando amabilidad y humildad. Qué lindo es cuando vemos a un grupo de personas compartiendo sin envidia y sin maldad. Su benignidad hace que el grupo resplandezca con una luz especial que ilumina a cada miembro, sin dejar a nadie fuera. La bondad nos lleva a ser humildes y a no ser egoístas, a pensar en el bien de todos y no solo en el bienestar propio, sin malicia y sin engaños.

Fidelidad. Desafortunadamente, vivimos en un mundo donde la fidelidad es muy escasa y, si dependiéramos de esta para comer, ya nos hubiéramos muerto de hambre. Las personas son solamente fieles a aquellas que de igual modo les son fieles, pero con frecuencia se olvidan de su promesa si alguien les ha fallado y, como venganza, revelan todo lo que esa persona les contó cuando aún mantenía lealtad.

En otras palabras, pagamos mal por mal y nos dejamos influenciar por la famosa frase de «ojo por ojo y diente por diente». Te aseguro que, si seguimos implementando esa actitud en nuestra vida, nos quedaremos sin un solo diente y perderemos los dos ojos de la cara. Aprendamos a ser fieles aun cuando nos pisotean, y demostremos que nosotros somos diferentes. Aprendamos del Señor Jesucristo, porque «aun si somos infieles, Él permanece fiel, pues no puede negarse a sí mismo» (Reina Valera, 1995, 2 Timoteo 2:13). Claro está, nosotros no somos Jesucristo, pero como hijos de Él, podemos tratar de imitar su comportamiento. Si hacemos el intento, vamos a ver cómo nuestra vida será renovada grandemente.

Mansedumbre. Jesucristo nos dice en su palabra: «Aprendan de mí, que soy manso y humilde de corazón, y hallaréis descanso para su alma» (Reina Valera, 1960, Mateo 11:29). Todos deberíamos abrazar este consejo y ponerlo en práctica en nuestra vida. Es mejor ser manso que rebelde, porque este último siempre se mete en problemas y camina por la vida exaltándose a sí mismo. Los mansos son personas de buen corazón que buscan siempre hacer el bien y se apartan de las discusiones, no por miedo, sino por respeto a su persona y a los demás.

Dominio propio. Este es uno de los frutos que más debemos practicar cuando venimos a los pies de Cristo, porque habrá situaciones en las cuales otras personas van a querer tomar decisiones que solo nosotros mismos podemos tomar, y si perdemos el dominio propio, seremos llevados de un lado para otro sin dirección. La Biblia dice: «Como ciudad derribada y sin muro es el hombre cuyo espíritu no tiene rienda» (Reina Valera, 1960, Proverbios 25:28). Por ejemplo, si alguien te invita a cometer un crimen y le dices que no vas a ir, pero esa persona insiste y vuelve a hacerte la invitación, y en vez de mantener tu posición anterior decides acompañarla, estarás perdiendo tu dominio propio y, al hacerlo, te conducirá por el camino erróneo. Es sumamente importante tener firmeza en nuestras decisiones y dominio propio, para que ninguna influencia negativa nos controle.

Si ponemos en práctica los frutos del Espíritu, definitivamente podemos lograr un mayor crecimiento en nuestra vida, tanto personal como espiritual. También, podríamos ayudar a otros a cultivar estos frutos para que sus vidas prosperen y para que el mundo sea un mejor lugar, con personas dispuestas a amar al prójimo como a sí mismos. Lo más importante es abrir nuestro corazón al Todopoderoso para que este entre como agricultor a sembrar todos estos frutos y no adelantemos el proceso. Dejemos que Él tome el tiempo necesario para sacar la cosecha.

Capítulo 12

EL CAMBIO SE REFLEJA

*«Mis ojos están puestos en ti.
Yo te daré instrucciones, te daré consejos,
te enseñaré el camino que debes seguir»
(Biblia Dios Habla Hoy, 1979, Salmos 32:8).*

Muchas personas están buscando un cambio físico que se refleje en su exterior y, para lograrlo, recurren a métodos como la buena alimentación, los ejercicios o la meditación. Se trazan metas con fechas específicas y son constantes en su disciplina para lograr el resultado que están buscando. Sin embargo, algunos, cuando empiezan a notar resultados que son visibles ante los ojos de los demás, creen estar seguros de haber llegado a la culminación de su arduo trabajo. Es preciso recalcar que para que los resultados sean permanentes, debemos seguir trabajando en ellos de manera perseverante.

Es lo mismo que hace Jesucristo con nosotros cuando transforma nuestra vida; no lo hace solamente un día, sino que constantemente moldea las áreas que necesitan reconstrucción. Sin duda alguna, esta renovación viene desde adentro y se refleja en nuestro exterior. Yo te exhorto a que te des la oportunidad de tener a Jesucristo como tu entrenador personal, para que los músculos de tu mente y tu corazón sean transformados por su amor y su misericordia.

No debemos tener miedo al cambio que pueda reflejarse en nosotros cuando dejamos que Él nos moldee, porque puede servir como bendición, no solo para nuestra vida, sino también para la de los demás.

Yiye Ávila fue un predicador cristiano que difundió el Evangelio en varios países del mundo y, gracias a su obra, muchas personas aceptaron al Señor Jesús. Uno de los cambios más poderosos que Dios hizo en la vida de Yiye fue el de perdonar a su yerno sin guardarle rencor, después de que este asesinara a su hija a puñaladas. Yiye ayunó varios días para que su yerno no fuera condenado a la silla eléctrica y para que Dios lo perdonará. Más grande aún Yiye lo perdonó y luego andaba junto a él predicando. Para muchos, este cambio que se reflejaba en la vida de Ávila era una locura, ya que son pocos los que estarían dispuestos a perdonar un crimen tan doloroso, pero este cristiano no solo predicaba el Evangelio, sino que también lo vivía. Quizás muchos lo juzgaron al ver lo que hizo, pero seguramente Dios lo transformó de una forma tan especial que ese reflejo que él transmitió influyó en la vida de muchas personas de manera positiva.

Nosotros también podemos manifestar un cambio sorprendente, pero no podemos lograrlo con nuestras propias fuerzas, requerimos la ayuda del Dios Todopoderoso. En Salmos 32:8, se afirma: «Mis ojos están puestos en ti. Yo te daré instrucciones, te daré consejos, te enseñaré el camino que debes seguir» (Biblia Dios Habla Hoy, 1979, Salmos 32:8). Por lo tanto, recibamos las instrucciones de su mano y sigámoslas al pie de la letra si queremos verdaderamente triunfar en la vida, encontrando gracia ante sus ojos y los ojos de los demás. Por esta razón yo ruego al Todopoderoso que nos dé la fortaleza para aprender a predicar su palabra no solo con la biblia sino también con nuestras acciones, así como lo hizo Ávila. Que seamos mensajeros de la verdad y caminemos en la verdad porque cualquiera que venga a los pies de Cristo tiene que reflejar un cambio positivo para ser luz en medio de la oscuridad.

Un paso firme sería el de tomar una libreta y escribir cinco áreas de nuestra vida en las cuales queremos que Dios refleje un cambio desde adentro hacia fuera. Este cambio podría ser nuestro temperamento, nuestra actitud ante la vida, nuestras palabras, nuestra determinación, nuestra perseverancia u otra área que consideremos necesaria. Lo importante es que tomemos el tiempo justo para evaluarnos y reconocer que no somos perfectos, pero que podemos llegar a ser una mejor persona si dejamos nuestra vida en las manos de Jesucristo.

Por otra parte, sabemos que los cambios pueden inspirar a las personas a querer buscar su propia transformación. Por eso, debemos compartir nuestra experiencia con los demás de manera que todos conozcan que Cristo es poderoso que no conoce de imposibles, porque todo es posible para Él. Nuestro mayor deseo debe ser que todos sientan la necesidad de hablar con Dios, que crean en Él, que lo busquen sin descansar y que lo acepten dentro de su corazón como único y verdadero salvador. Es hora de que nos humillemos delante de Él y permitamos que conduzca nuestros pasos por el camino que ha diseñado para nosotros, un camino de prosperidad y mucha felicidad.

No sé lo que estás esperando para abrir la puerta de tu corazón, esa misma que tienes cerrada con más de diez cerraduras. Quiero decirte que es el tiempo perfecto para abrir ese portal y decirle al Señor Jesús que entre, que se siente allí dentro y que haga una limpieza profunda tirando afuera todo lo que te hace daño y que no te deja crecer. Hasta que todo no esté limpio dentro de tu corazón, el cambio que buscas no podrá reflejarse en tu exterior. Jesucristo está al otro lado de la puerta, esperando una respuesta para trabajar en ti, para que todos se sorprendan porque Él te convertirá en la obra más bonita que jamás algún pintor haya hecho.

*Dios te llama cada día, Él quiere cambiar tu vida,
pero tú no le contestas.*

*Siempre le cierras la puerta y Dios permanece afue-
ra esperando una respuesta.*

*Ya no entres en contienda con tu mente y corazón,
porque solamente en Cristo*

se encuentra tu salvación.

*Los placeres de esta vida te llevan a la destrucción
y destruyen la alegría que se encuentra en tu interior; pero Cristo es diferente porque en Él solo hay
amor. Arrepiéntete, mi hermano, y ven a la salvación. No importa lo que diga tu familia o la vecina,
por favor abre tu puerta porque Cristo se avecina,
y qué tristeza sería que tu puerta esté cerrada, si no
velas por las noches y tu lámpara apagada.*

*El amado está en la puerta y con dulce voz te llama,
para ungirte la cabeza y también salvar tu alma.*

Poema por *Yanilvia Reyes.*

REFLEXIONES FINALES

Solo Jesucristo transforma.

Hay muchas cosas que me gustaría decir para concluir, pero la más importante de todas es que solo Jesucristo transforma y, para ser sincera, esa frase es la que resume todo este libro. Ahora bien, si quieres que esta transformación ocurra, debes dejarte guiar y confiar en que Él todo lo hace nuevo, no importa qué tan rota esté tu vasija. Él tiene el poder para reconstruirla sin importar el tiempo que se tome para hacerlo. Nosotros debemos poner de nuestra parte estrechando nuestra relación con Jesús a través de los medios mencionados en el capítulo dos: la oración, la fe, el escudriñamiento de la Biblia, asistir a una congregación, hacer devocionales o escribirle cartas para una comunicación más cercana. Recuerda que no importa cuál sea el método que decidas usar, lo que cuenta es que sea consistente y que te ayude a desarrollar los frutos del espíritu para que puedas reflejar un cambio positivo en tu interior.

No importa lo que diga la gente, no importa cuántos te critiquen y no importan los que te ignoren, sigue hacia adelante con la frente en alto y haz lo mismo que yo hice cuando me rechazaron por el cambio que Jesús suscitó en mí. Decidí seguirlo a Él porque entendí que la verdadera plenitud la encuentro a su lado y que solamente en su camino encuentro la verdadera salvación, esa que muchos no conocen pero que está al alcance de todos.

Sé sabio y bebe del agua que Él te ofrece para que no tengas sed nunca más, para que no tengas la necesidad de saciarte con cosas pasajeras que no te dan felicidad. Si quieres ser feliz, acepta a Jesús y pídele sinceramente que te transforme. Quizá lo que Él haga en ti no te guste de inmediato, pero luego entenderás que todo es para tu propio bien porque nuestros planes no son los mismos que los suyos. Quizás sientas dolor y todo te parezca muy confuso, pero no te dejes engañar por esos sentimientos. Sigue adelante y no cuestiones a Dios, porque Él puede trabajar a través de tu dolor para que crezcas más y para que tu cambio sea más efectivo.

Recuerda que el objetivo es llegar a la meta final, no importa si lo haces de primero o de último, lo importante es que llegues. La Biblia dice: «A Jehová he puesto siempre delante de mí; porque está a mi diestra, no seré conmovido» (Reina Valera, 1960, Salmos 16:32). Cuando sientas que ya no puedes más, toma lápiz y papel y escribe este salmo en letras grandes. Colócalo en un lugar visible para ti para que entiendas que nada puedes lograr por ti mismo, sino que solo con la ayuda del Señor Jesucristo puedes llegar a la meta final.

Mientras tanto, no olvides disfrutar del proceso y tomar de vez en cuando una pausa para analizar las áreas de tu vida que han sido moldeadas por el amor de Dios. Relájate y disfruta de tu nueva versión, una inquebrantable que persevera hasta el final porque reconoce que la recompensa que recibirás no se compara con nada que exista en este mundo. No olvides que Dios tiene una corona guardada para ti, pero no dejes que la corona sea tu única motivación para seguir adelante; procura que tu motivación sea saber que muy pronto Jesucristo volverá, que todo ojo le verá y que vendrá por ti para llevarte a casa con Él, donde no habrá más sufrimiento y la alegría no acabará jamás.

Yo sé que he sido transformada por el Rey de Gloria, pero también reconozco que soy una obra que aún no está terminada, que no soy perfecta y que solamente Jesucristo me puede ayudar a ser mejor. Quiero nuevamente exhortar a que te des la oportunidad de vivir una vida diferente a su lado, solo tú puedes decidir, nadie puede hacerlo por ti. Acepta a Jesús y permítele que transforme tu vida. Hazlo hoy, porque mañana podría ser demasiado tarde.

Repite conmigo: yo quiero aceptar a Jesucristo como único y verdadero salvador. Quiero que renueve mi vida, que sane mis heridas, que se lleve mi dolor y que me convierta en la mejor versión de mí. Soy consciente de que durante el proceso de mi crecimiento voy a pasar por el fuego, que habrá muchas piedras que serán obstáculos en mi camino para impedirme avanzar, pero que su diestra me sostendrá y nada va a impedir que yo llegue a la meta final. Sé que Cristo viene pronto y quiero estar listo/a para irme con Él. Muchos creen que es una locura, pero yo sé que Él cumple sus promesas. Entra a mi vida ahora, Señor Jesús, y trabaja en mí porque tú eres mi alfarero.

<hr>Tu firma

ACERCA DE LA AUTORA

Yanilvia Reyes Medrano es una joven cristiana que nació el 24 de enero del 1995, en Mao Valverde al noroeste de República Dominicana. Es hija del Sr. Víctor Manuel Reyes de la Rosa y de la Sra. Virgilia de Jesús Medrano. Reside en  Cliffside Park, un pequeño pueblo situado en el estado de Nueva Jersey en los Estados Unidos. Es amante de la poesía, la cual recita en los idiomas español, italiano, inglés y francés, para exaltar el nombre de Dios compartiéndolas a través de su cuenta de Instagram @AdorandoalOmnipotente.

Es miembro activa de la Iglesia Pentecostal Monte Calvario a la cual asiste desde el año 2019 y donde cursa el segundo grado en el Instituto Bíblico Ideas de Fe. Dedica parte de su tiempo a la evangelización acompañada de otros hermanos de la iglesia, ya que entiende que es importante salir a la calle a llevar el mensaje de salvación a todos aquellos que aún no han aceptado a Jesucristo.

Se graduó en Sociología, Servicios Humanos y Francés en la Universidad de Postdam en el estado de Nueva York. Actualmente asiste a víctimas de violencia doméstica junto a una organización brindándoles consejería espiritual; ayudándolas a encontrar refugio, servicios legales y financieros. En su trabajo, también tiene la oportunidad de compartir el Evangelio con aquellos clientes que se lo permiten. Inspirada en su profunda relación con Dios, escribió este libro, con la intención de que quienes aún no han experimentado su poder transformador, lo hagan por medio de su testimonio.

BIENETRE
EDITORIAL

www.ingramcontent.com/pod-product-compliance
Lightning Source LLC
Chambersburg PA
CBHW021004160726
47994CB00006B/2366